汽车后市场从业胜经

汽车4S店销售管理实战技巧

升级版

王子璐 编著

机械工业出版社

提升销售管理水平和细化销售管理模式，必将成为未来很长一段时间里汽车4S店销售管理者们的重点关注事项。本书聚焦于客户管理、业务管理、营销管理、员工管理与个人管理五部分内容，并与时俱进地介绍了“活动营销管理”和“新媒体营销管理”两部分内容，力图通过对各种精细化管理手段的介绍使读者找到更多提升4S店收益的突破口。有别于传统的营销理论书籍，本书以“实战”“有效”为原则，既有理论高度，又有丰富实战案例，并辅以图表等实用管理工具，让读者一看就懂、易学易用。

本书适合有一定管理经验的汽车4S店总经理、销售经理、市场经理、展厅经理，以及汽车主机厂销售公司的区域销售管理人员、区域市场营销管理人员阅读。

图书在版编目（CIP）数据

汽车4S店销售管理实战技巧：升级版／王子璐编著；—2版.
—北京：机械工业出版社，2019.11（2024.7重印）
（汽车后市场从业胜经）
ISBN 978-7-111-64316-6

Ⅰ.①汽…　Ⅱ.①王…　Ⅲ.①汽车-专业商店-销售管理　Ⅳ.①F717.5

中国版本图书馆CIP数据核字（2019）第268887号

机械工业出版社（北京市百万庄大街22号　邮政编码100037）
策划编辑：赵海青　　责任编辑：赵海青　於　薇　王　芳
责任校对：乔荣荣　肖　琳　　责任印制：单爱军
北京虎彩文化传播有限公司印刷

2024年7月第2版·第3次印刷
169mm×239mm·12.75印张·208千字
标准书号：ISBN 978-7-111-64316-6
定价：59.00元

电话服务
客服电话：010-88361066
010-88379833
010-68326294

网络服务
机　工　官　网：www.cmpbook.com
机　工　官　博：weibo.com/cmp1952
金　书　网：www.golden-book.com
机工教育服务网：www.cmpedu.com

前　言

Preface

喊了无数次的拐点，如今真的来了。2018 年，中国乘用车产销量 28 年来首次出现了负增长。产销量下滑，有内部和外部两方面的因素：从外部来说，有限购、限行等因素；从内部来说，企业调整结构、转变发展方式的速度还不够快，还需要时间来逐渐提高。

我在 2013 年出版第 1 版《汽车 4S 店销售管理实战技巧》时说，中国乘用车市场进入了微增长的时代。6 年过去了，如今微增长变成了负增长。面对市场环境变化的不利因素，汽车 4S 店的自我调整和优化显得至关重要。“穷则变，变则通，通则久”，提升销售管理水平和细化销售管理模式，必将成为未来很长一段时间里汽车 4S 店销售管理者们的重点关注事项。

如今，市面上有关汽车 4S 店管理的培训书籍主要有两类：其一，是针对销售顾问提升销售技巧的书籍；其二，是从管理学角度出发讲解销售管理纯理论的书籍。前者虽能有效提升汽车销量，但受众群体主要是一线销售人员，过于强调单兵作战能力的提升，未能提供通过管理手段提升销量的方法，对于管理者并不是十分适用；后者由于理论性太强，覆盖面太宽，很难快速有效地解决汽车 4S 店遇到的直接问题。

再版这本书，就是希望能把十多年来在汽车行业中总结的经验和教训，梳理成章，结集成册，将行业内优秀的管理方法和成功案例系统化、逻辑化。与第 1 版相比，新版有了以下几个变化：

一、管理内容细化

汽车 4S 店的销售管理是一个“短平快”的系统，对管理的实战性要求特别高。第 1 版聚焦于销量管理、满意度管理、人员管理三大管理体系。新版将原销量管理细化为客户管理、业务管理、营销管理三部分，将原人员管理细化为员工管理、个人管理两部分，将原满意度管理融入客户管理之中，最终形成了客户管理、业务管理、营销管理、员工管理、个人管理五部分的逻辑结构。

二、业务内容细化

在客户管理篇章中新增了休眠/战败客户管理、保有客户管理等内容。在业务管理篇中新增了销售例会管理、车辆管理等内容。通过对这些精细化管理手段的介绍，使读者找到更多提升 4S 店收益的突破口。

三、与时俱进

与 6 年前相比，汽车 4S 店在经营管理方面也发生了不小的改变。比如，各类车展、团购会、试乘试驾活动的频繁开展。再比如，微信、抖音等新媒体营销的大量应用等。因此，新版在营销管理篇中增加了活动营销管理和新媒体营销管理两章内容。

本书教您如何成为一名优秀的汽车 4S 店销售管理者。本书定位于有一定管理经验的汽车 4S 店总经理、销售经理、市场经理、展厅经理，以及汽车主机厂销售公司的区域销售管理人员、区域市场营销管理人员。有别于传统的营销理论书籍，本书以“实战”“有效”为原则，既有理论高度，又有丰富实战案例，并辅以图表等实用管理工具，让读者一看就懂、易学易用。

目 录
Contents

第二篇 业务管理

02

第三篇 营销管理

03

第一篇

PART

客户管理

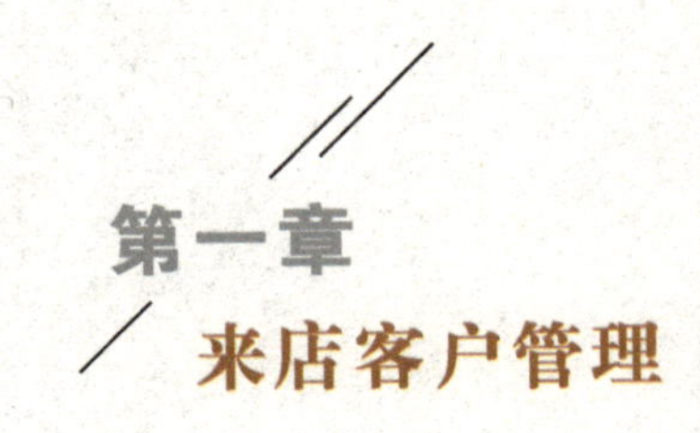

第一章 来店客户管理

第一节 汽车 4S 店客户漏斗管理模型

汽车 4S 店管理收益提升的一个重要指标是成交率。客户是成交的关键因素，若要有效提升客户成交率，就必须从客户的成交模式展开研究。

如图 1－1 所示，要形成最终销量，先要通过市场营销把客户吸引到店。到店的客户经过销售顾问的接待与咨询，一部分流失掉了，另一部分形成了意向客户。意向客户经过销售顾问的产品介绍、试乘试驾、协商成交，一般会形成以下三种状态：一部分客户购买了其他品牌或 4S 店的车，我们称之为战败客户；另一部分客户表示在短期内（一般指三个月）暂不考虑购车，我们称之为休眠客户；还有一部分客户最终达成了交易，签订了订单，我们称之为订单客户。订单客户中，除去少部分退订，剩余的客户则形成了最终的销量，这些成功提车的客户，我们称之为保有客户。

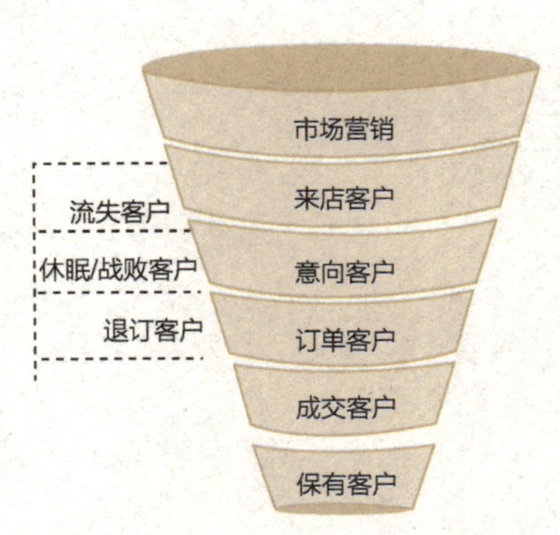

图 1－1 客户成交漏斗原理图

通过客户管理的方法提升销量，就是要在每一个环节尽量减少客户的流失，提高客户的转化率。

接下来，我们通过两幅数据图对比分析一下。看看通过减少客户流失量以提升成交率，对销量的最终贡献度是怎样的，如图 1－2 和图 1－3 所示。

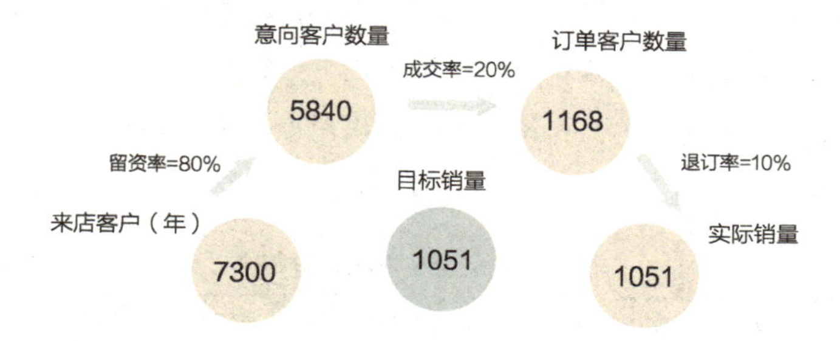

图 1－2 客户来店量与销量关系图

图 1－2 中反映，假设某汽车 4S 店展厅全年的客户来店量是 7300 批次，那么通过销售顾问的接待，大约会有 20% 的客户流失，80% 的客户成为意向客户，意向客户数就是 5840 批次。再通过销售顾问介绍产品、试乘试驾、协商等交流，大约会有 80% 的客户休眠、战败，约有 20% 的客户成交，即 1168 批次客户签订订单。除去 10% 左右的退订，全年 7300 批客户大约可以形成 1051 台次的销量。

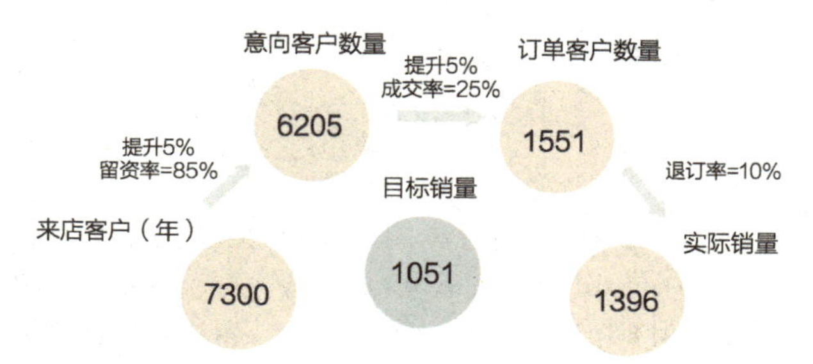

图 1－3 客户来店量与销量关系之提升留资率与成交率图

图 1－3 中反映了通过减少客户流失量以提升成交率的方法进行改善。假设客户来店量不变，全年仍为 7300 批次。在接待的环节提升 5% 的留资率，同时在

转化成为订单环节也提升5%的成交率，这样全年的实际销量就是1396台次，相比之前的1051台次提升了33%。

由此可见，通过减少客户流失量以提升成交率，大大提高了销量：只要两个小环节各提升5%，总体销量就可以实现33%的飞跃。

案例

王子璐是某市一家汽车4S店的销售经理，最近两个月他所在展厅的销量一直在下滑。通过观察和对来店客户加以统计，王子璐发现每天来店客户的总数较之前并没有明显地减少。于是，他做了一张这两个月来的展厅客户管理数据对比表（见表1-1）。

表1-1 来店客户统计分析表

项目	实绩	城市均值	城市排名	省份均值	省份排名	全国均值	全国排名
展厅留有资料比例	85.66%	91.89%	5	93.67%	22	91.41%	484
展厅新增意向客户订单转化率	13.23%	18.09%	7	14.53%	28	23.44%	546
展厅留存意向客户订单转化率	10.23%	4.48%	1	2.55%	1	3.11%	9
展厅销售顾问平均销售台次	8	7	2	5	3	6	111

注：1. 展厅留有资料比例＝展厅新增意向客户数/展厅来店批次。
2. 展厅新增意向客户订单转化率＝展厅新增意向客户产生的订单/展厅新增意向客户数。
3. 展厅留存意向客户订单转化率＝展厅留存意向客户产生的订单/展厅留存意向客户数。
4. 展厅销售顾问平均销售台次＝展厅交车总数/展厅销售顾问人数。

通过本店的销售数据与城市均值、省份均值和全国均值的对比，王子璐发现，销售业绩下滑的主要原因在于展厅新增意向客户订单转化率低。王子璐所在的4S店在当地是一家“老店”，拥有不错的口碑和客户保有量。销售顾问也大多是久经沙场的“老将”。但是正是因为拥有较好的保有客户和留存意向客户，所以一些销售顾问便开始“挑客户”，他们认为新客户的开发流程太慢，于是在新增客户的接待和跟进上显得很松懈，使得很多客户流失掉了。

于是，王子璐决定立即加强对客户接待、试乘试驾等环节的管控与培训，同时制定相应的激励政策，鼓励开发新的意向客户。很快，该店的销售业绩开始稳步回升。

使用客户漏斗管理模型进行数据对比分析，可以帮助4S店准确发现成交率提升的关键点，找准自己的改善目标。

第二节　汽车4S店来店客户管理工具

如何做好来店客户管理呢？在4S店使用各种客户管理的工具做分析之前，应先重点**关注本店的展厅来店客户登记情况**。

案 例

某4S店展厅最近半年多销量较去年同期大幅度下滑。主机厂安排专业指导人员王子璐老师到店调研辅导。销售经理和市场经理对王老师抱怨说：“今年销量下滑的最主要原因就是来展厅的客户量明显减少了。”

在分析了数据报表后，王子璐老师径直来到了前台，翻看“来店客户登记表”，结果发现，该店“来店客户登记表”记录凌乱，信息极其不完整，登记数据与报表数据存在很大的差异。

王子璐老师询问：“来店登记本是由谁在登记？”

销售经理：“销售顾问自己登记。”

王子璐老师又问：“如何保证登记信息的完整性和准确性？”

销售经理：“……”

正如案例中的这家店所示：未必是真的客户来店量小，而很有可能是客户来到了展厅后，4S店没能及时地接待与登记信息，造成客户流失。

客户信息是4S店赖以生存的数据基础，做好客户来店登记管理，需要一张合理有效的“展厅来店客户登记表”。“展厅来店客户登记表”也被称为“万表之源”，如表 1－2 所示。

表 1－2　来店客户登记表

专人填写						销售顾问填写									主管填写
序号	到店时间	离店时间	销售顾问	客户姓名	是否意向	来店		信息来源	购买意向		意向级别	接待过程	联系方式	结案	主管签名
						首次	邀约		关注车型	购买用途					
1	时　分	时　分													
2	时　分	时　分													
3	时　分	时　分													
4	时　分	时　分													
5	时　分	时　分													
6	时　分	时　分													
7	时　分	时　分													
8	时　分	时　分													
9	时　分	时　分													
10	时　分	时　分													
销售经理签名：					市场经理签名：										

“来店客户登记表”的填写，要做到及时、完整、真实，这样才能保障客户管理数据的有效性。

一、“来店客户登记表”填写要点

填写“来店客户登记表”时要注意以下几个要点：

1）如表 1－2 所示，来店客户登记表分为两个部分。第一部分是关于客户的来店和离店时间、客户的基本信息、接待销售顾问的信息，需要由专职的登记人员填写。设立专职的登记人员可以保障来店客户信息录入及时，完整且不遗漏，同时可以督促销售顾问完整填写第二部分内容。

第二部分内容需在销售顾问的接待工作完成后由销售顾问立即填写。主要内容包括客户姓名、电话、职业、来店途径、意向车型、意向级别等，这部分内容要求销售顾问必须准确完整填写。

2）在销售顾问登记完成后，销售主管应对销售顾问的登记内容逐项签名确认，指出登记内容不准确、不完整的部分，交由销售顾问补充完整。一天的登记工作完成后，销售主管需要统计出每日来店的客户总数，并按意向级别和车型分别统计分类的每日来店客户数量。同时，销售经理和市场经理每天也需要对“来店客户登记表”签名确认。

二、“来店客户登记表”管理中的常见问题

问题一：销售顾问漏登客户信息。

解决办法：设立专职的登记人员。

问题二：销售顾问登记信息不完整。

解决办法：销售主管定期检查客户登记簿。

问题三：销售顾问登记信息不真实准确。

解决办法：销售主管对登记客户进行回访。

问题四：销售顾问故意涂改登记信息。

解决办法：要求登记表不得涂改，只能备注错误信息。

问题五：“来店客户登记表”缺页漏页。

解决办法：每月月初制成一份来店客户登记表，并给每页编写页码。

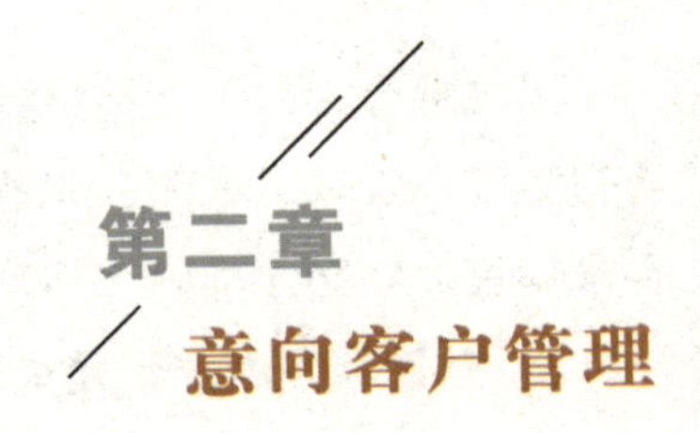

第二章 意向客户管理

第一节　汽车 4S 店意向客户跟踪

“来店客户登记表”填写规范、完整后，要对登记的意向客户进行电话回访跟踪。

一、意向客户的跟踪管理

意向客户的跟踪管理可以分成以下两个部分：

1. 销售顾问跟踪回访

据统计，95%的客户都是在第 2 ~ 4 次到店时选择下单定车的。由此可见，客户首次离店后的电话回访是销售成功与否的关键。由于绝大多数客户都是在 4S 店内完成购车行为的，因此销售回访的核心目的就是再次邀请客户到店。

我们知道，绝大多数客户看车不会只去一家 4S 店，而是会比较多个品牌的 4S 店或同一品牌的多家不同的 4S 店。因此，如果你做不到及时回访客户，你的竞争对手抢先回访，就可能把客户先邀请到店，就多了一分成交的概率。

通常来说，电话回访的频次和周期要达到以下三个要求：

（1）两天三访

客户离店后 30 分钟回访一次，询问客户是否安全到家。

客户离店当晚回访第二次，询问客户对于今天的服务是否满意。

客户离店次日回访第三次，再次邀请客户到店。

因为客户的兴致通常集中在看车前后的一两天，所以在客户离店后的两天内一定要提高回访频次，刺激客户的兴致点，再次邀请客户到店。

（2）一周五访

对于两天三访后仍然没有再次到店的客户，可以分别在当周的周五、周六再回访两次。以周末店内的活动为契机再次邀请客户。这两次回访加上前面的两天三访，就做到了一周五访。

（3）一月九访

如果客户离店后的一周内都没有再次到店，那么此后每周可以再回访客户一次。在月末那一周可以多增加一次回访。这样就做到了一月九访。

图2－1介绍了电话回访的频次和要求。

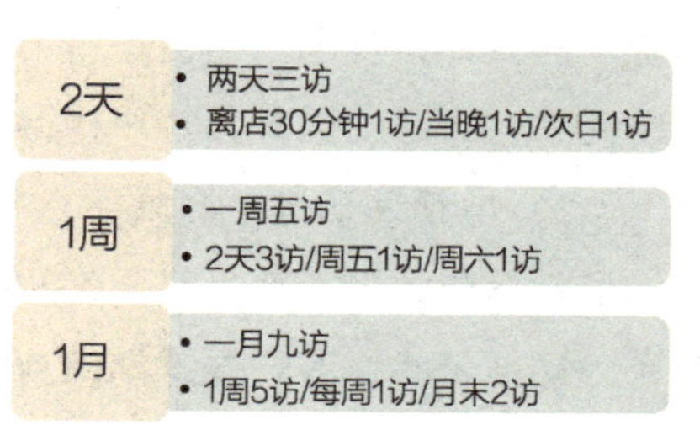

图2－1　电话回访频次及要求

2. 销售主管跟踪回访

销售主管人员回访的目的，一是核实“来店客户登记表”的填写是否准确真实，二是考核销售顾问的接待质量。

在回访意向客户时，销售主管需要填写一张“来店意向客户回访登记表”（见表2－1）。

表2－1　来店意向客户回访登记表

回访员	回访日期	建档时间	销售顾问	客户名称	车型	联系方式	是否回访成功	回访时间	您是在×月×日来我店看过××款车的×××吗（确认客户信息）？	销售人员有没有出门接待您？	您记得接待您的销售顾问姓什么吗？	整个接待过程中，您对销售顾问的接待是“满意”“一般”，还是“不满意”呢？	销售顾问是否主动邀请您试乘、试驾？	销售顾问在您离店30分钟之内是否给您发送了短信？	您对我店在销售接待环节有什么意见和建议？

二、意向客户电话回访记录要点

来店意向客户的电话回访记录要注意以下几个要点：

1）对来店客户要做到无差别回访、无差别记录。意向客户资源是销量的核心保障，只有坚持无差别回访，才能使销售管理人员无遗漏地掌握客户的真实信息。同时，无差别回访也是对销售顾问接待和登记意向客户的检核，可以有效地督促销售顾问，提升其客户接待和意向客户登记工作的质量。

2）电话回访登记必须要在客户首次来店后的24小时内完成。销售如战场，战场的形势瞬息万变。意向客户看车，往往不会只看一个品牌或一家4S店，如果回访不及时，客户在这期间就很有可能被你的竞争对手签下。

3）电话回访登记工作要由销售主管人员或专职人员完成。电话回访工作是对意向客户信息的整理。销售管理者要准确掌握意向客户的真实信息，不能仅听销售顾问的汇报。因此，电话回访工作要由销售主管人员亲自完成。如果意向客户数特别多，也可指定回访专员完成这项工作。回访专员需向销售主管单线汇报，以保障回访的真实性和准确性。同时，销售主管仍需不定期抽样回访。

销售主管人员在通过电话回访确认了客户信息的准确性后，就需要根据真实准确的意向客户信息，以月度为单位，统计每天不同时段到店客户的数量，制作一张“展厅来访客户及销售状况统计表”（见表2-2）。该统计表需要填写每天每个时间段实际到店的意向客户数量。

表2-2 展厅来访客户及销售状况统计表 年 月

时间段	日期	1	2	3	4	5	6	7	8	9	10	11	12	13	14	15	16	17	18	19	20	21	22	23	24	25	26	27	28	29	30	31	全月总计
	星期																																
08:00~09:00																																	个
09:00~10:00																																	个
10:00~11:00																																	个
11:00~12:00																																	个
12:00~13:00																																	个
13:00~14:00																																	个
14:00~15:00																																	个

（续）

时间段	日期	1	2	3	4	5	6	7	8	9	10	11	12	13	14	15	16	17	18	19	20	21	22	23	24	25	26	27	28	29	30	31	全月总计
	星期																																
15:00～16:00																																	个
16:00～17:00																																	个
17:00～18:00																																	个
来访客户合计数																																	个
留有客户资料数																																	个

第二节　汽车4S店意向客户分析

“展厅来访客户及销售状况统计表”制作完成后，累积3～6个月的数据，就可以帮助销售主管人员进行意向客户分析及营销策略规划。

一、意向客户营销策略规划

基于“展厅来访客户及销售状况统计表”的营销策略规划，主要包含以下几项内容：

① 制订月度销售目标。
② 制订营销方案。
③ 安排展厅值班计划。
④ 制订外展活动计划。
⑤ 制订员工休假、培训计划。

案例

某4S店销售经理王子璐接到厂家任务——7月份的销售目标为75台车。月初，王子璐拿出根据以往“展厅来访客户及销售状况统计表”制作的“月度来店与销售走势图”来制订销售目标，如图2－2所示。

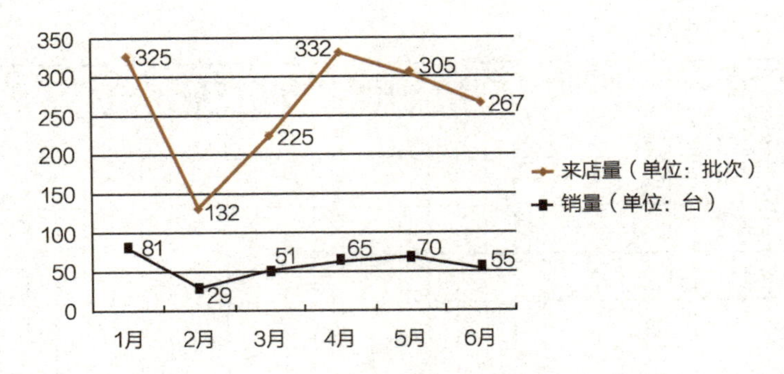

图 2-2　月度来店与销售走势图

图 2-2 中，上面的折线反映了 1—6 月份该店的客户来店数量，下面的折线反映了 1—6 月份该店的实际销售量。王子璐将数据相加，得出 1—6 月份的来店总人数为 1586 批次，销售量为 351 台。根据这两个数据计算出店平均成交率 =(351/1586)×100%≈22%。那么，若 7 月份销售任务为 75 台，则 7 月份客户来店量门槛任务为 75/22% =339 批次。于是，王子璐根据客户来店量的门槛任务，制订出了 7 月份的广告宣传策略，以吸引客户到店。

很快，7 月份已经过去了三周，在第三周做总结的时候，王子璐查看了“7 月份每日客户来店走势图”，如图 2-3 所示。

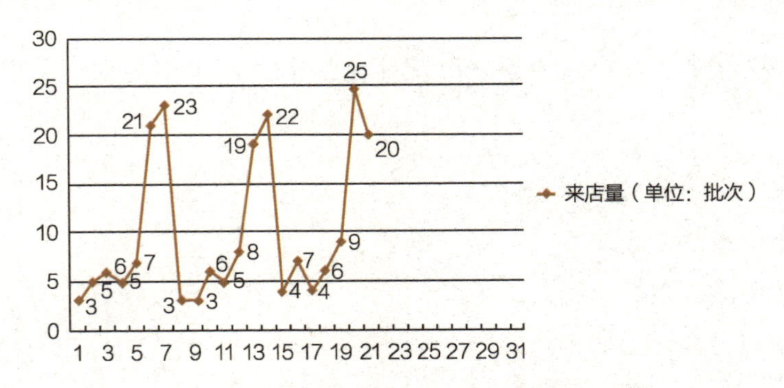

图 2-3　7 月份每日客户来店走势图

从图 2-3 中可以看出，7 月份前三周的客户来店量为 211 批次，距离门槛目标任务 339 批次尚差 128 批次。根据本月前三周的情况测算，目前每周来店平均为 70 批次，按此趋势是无法达成目标的。

所以，最后一周，王子璐决定开展更具有吸引力的店头或外展活动做支撑，并且要求销售顾问加强对客户的邀约，以保证完成月度任务。

同时根据图2-3中客户来店的时间规律，王子璐还可以有效地安排销售顾问的值班、休假、培训等。

要实现对展厅意向客户的有效管理，一方面要保障登记的及时性、完整性、准确性；另一方面则要保障意向客户跟踪的及时性和质量。这样可以有效降低登记在册的留存意向客户的战败率和休眠率。

二、销售顾问营业活动日报表

要随时跟踪意向客户的信息情况，掌握意向客户级别的变化趋势，则需要制作填写一张“销售顾问营业活动日报表”（见表2-3）。

表2-3　销售顾问营业活动日报表

<table>
<tr><th colspan="9">意向跟进</th></tr>
<tr><th>序号</th><th>客户名称</th><th>联系电话</th><th>地址/区域</th><th>意向车型</th><th>级别</th><th>内容说明/完成情况</th><th colspan="2">销售经理意见</th></tr>
<tr><td>1</td><td></td><td></td><td></td><td></td><td></td><td></td><td colspan="2" rowspan="6"></td></tr>
<tr><td>2</td><td></td><td></td><td></td><td></td><td></td><td></td></tr>
<tr><td>3</td><td></td><td></td><td></td><td></td><td></td><td></td></tr>
<tr><td>4</td><td></td><td></td><td></td><td></td><td></td><td></td></tr>
<tr><td>5</td><td></td><td></td><td></td><td></td><td></td><td></td></tr>
<tr><td>6</td><td></td><td></td><td></td><td></td><td></td><td></td></tr>
<tr><th colspan="7">客户接待</th><th colspan="2">销售经理考核</th></tr>
<tr><th>序号</th><th>客户名称</th><th>联系电话</th><th>地址/区域</th><th>意向车型</th><th>级别</th><th>说明</th><th>证明资料</th><th>检查</th></tr>
<tr><td>1</td><td></td><td></td><td></td><td></td><td></td><td></td><td></td><td></td></tr>
<tr><td>2</td><td></td><td></td><td></td><td></td><td></td><td></td><td></td><td></td></tr>
<tr><td>3</td><td></td><td></td><td></td><td></td><td></td><td></td><td></td><td></td></tr>
<tr><td>4</td><td></td><td></td><td></td><td></td><td></td><td></td><td></td><td></td></tr>
<tr><td>5</td><td></td><td></td><td></td><td></td><td></td><td></td><td></td><td></td></tr>
</table>

“销售顾问营业活动日报表”填写要求如下：

① 报表由销售顾问每日填写，并上交销售主管汇总。

② 报表分为客户接待记录和意向客户跟进记录两部分。

③ 报表需准确记录意向客户级别，并详细说明跟踪情况。

三、意向客户跟进管制表

通过对“销售顾问营业活动日报表”的汇总与累积，销售主管人员可以以月度为单位，对意向客户的级别进行统计，制作“意向客户跟进管制表”。该表需按日填写意向客户的跟进情况（见表2－4）。

表2－4　意向客户跟进管制表

____月																																					
序号	客户姓名	客户来源	联系电话	车型	等级	1	2	3	4	5	6	7	8	9	10	11	12	13	14	15	16	17	18	19	20	21	22	23	24	25	26	27	28	29	30	31	结果
1																																					
2																																					
3																																					
4																																					
5																																					
6																																					
7																																					
8																																					
9																																					
10																																					
	销售主管签核																																				

客户来源：A－来店　B－来电　C－旧客介绍　D－亲友介绍　E－零服介绍　F－续购计划　G－特定外括（含外展）　H－陌生拜访

进度状况：H级A级　B级C级　O－订车　D－交车　M－三日回访　X－战败　K失控－降级至无意向　Z失联－失去联系

基于“意向客户跟进管制表”，销售主管人员可以根据掌握的现有意向客户的级别情况来制订营销策略。比如，有意向客户长时间没有被跟进的，督促销售顾问加强电话回访；有客户意向程度始终很高，但迟迟不能成交的，则可以通过一些促销措施来促使客户尽快成交。

四、意向客户分级类型把控

根据意向情况，可以将客户分为 H、A、B 三个级别：

H 级客户：已确认车型、颜色、付款方式、交车时间，预计 7 日内成交的客户。

A 级客户：已确认有购车意向，但还未选定车型，预计 7 日 ~1 个月内成交的客户。

B 级客户：已有购车条件，对购车犹豫不决，预计 1 ~3 个月内成交的客户。

统计各个级别客户的数量后，我们会发现，正常与合理的意向客户分布呈“倒三角形”，如图 2-4 所示，这可以看作是比较理想的意向客户构成情况。如果每一级别的客户经过级别转换后，数量逐层递减，那么，在工作中只需按照比例对各个级别进行补充，就可以获得正常连续的成交订单。

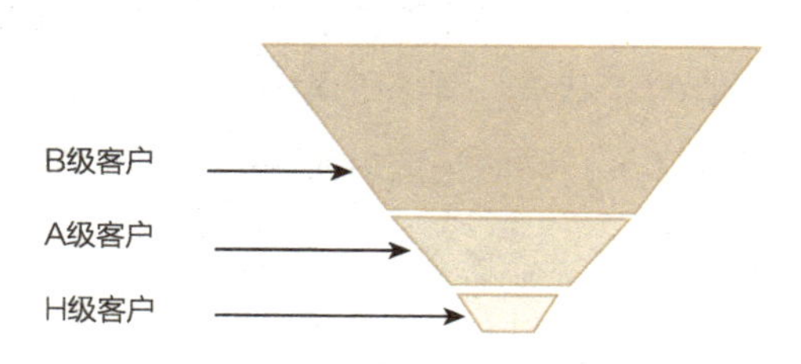

图 2-4　意向客户的倒三角形分布图

但如果将意向客户按级别放入“倒三角形”后，“倒三角”的形状发生变化，就说明客户的管理存在问题，需要通过调整形状来提升成交率。

以上现象都是“倒三角”形状发生变化的原因，只有分析出原因后，才可以对症下药。

常见的意向客户级别分布形状如图 2-5 ~ 图 2-7 所示。

1. 正三角形客户分布

正三角形意向客户的构成呈现为上面小而下面大，说明目前的成交情况良好。但随着 H 级客户的成交完成，如果后续的 A、B 级客户减少，成交量将会越来越少。因此，对于正三角形的意向客户构成，要在努力促成 H 级客户成交订单的同时，大量接待 B 级客户并跟进 A 级客户。

应对策略：先开展店头活动，释放H级客户，再通过商圈巡展、社区巡展等活动搜集客户线索。

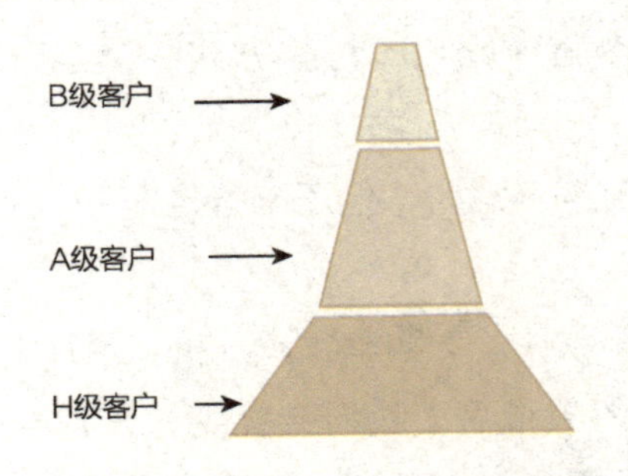

图2－5 意向客户的正三角形分布图

2. 枣核形客户分布

枣核形的客户构成呈现为两头小中间大。可以看出，现时的成交并不多，潜在客户也不多，但有大量的A级客户堆积。对于这样的客户构成，需要尽快对A级客户进行跟进并转化成订单；同时还要补充潜在客户的数量，为持续成交打好基础。

应对策略：开展体验式巡展或社区巡展，一方面增强客户的参与度；另一方面搜集客户线索。

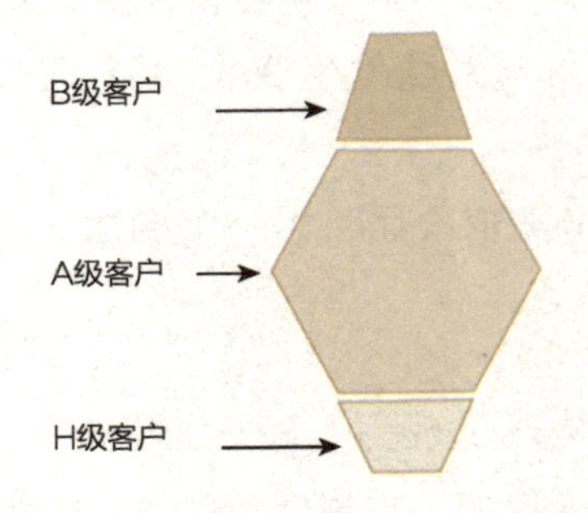

图2－6 意向客户的枣核形分布图

3. 哑铃形客户分布

哑铃形的客户构成与枣核形正好相反，为中间小两头大。可以看到，现时成交不少，同时也有大量的潜在客户，但由于A级客户数量不足，在现有成交完成后，容易出现青黄不接的情况。因此，需要尽快将大量的B级潜在客户转化为A级，保证成交的正常与流畅。

应对策略： 先通过店头活动，释放H级客户，再通过电话回访跟进B级客户。

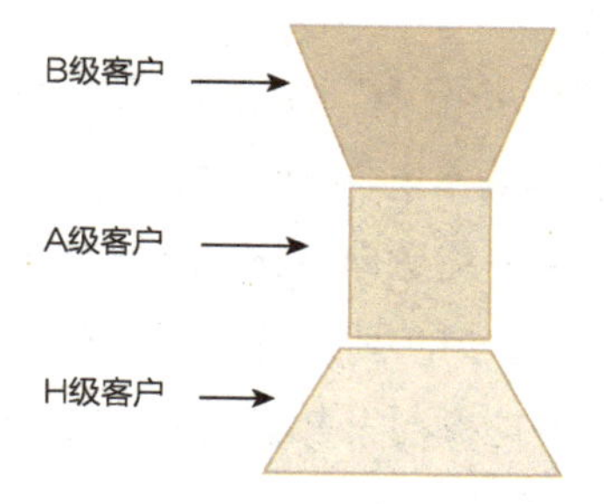

图2-7 意向客户的哑铃形分布图

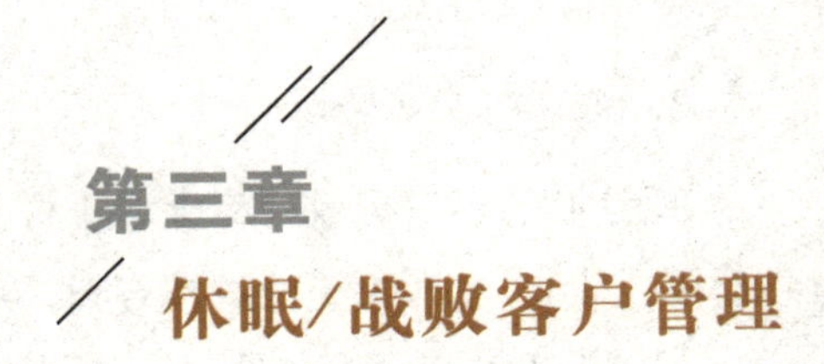

第三章 休眠/战败客户管理

第一节　汽车4S店休眠客户管理

休眠客户是指“来店客户登记表”上记录的意向客户，但跟踪访问时表示近期（一般指3个月内）暂不购车的客户。

一般来说，销售顾问主要关注意向客户和保有客户。但是，绝大多数休眠客户是4S店花了不少广告费吸引来的理性消费者，这其中有许多消费者在消费与未消费之间徘徊，需要进一步挖掘与开拓，这样才能够壮大客户资源，提升销售业绩。

有这样一组数据，潜在“休眠客户”的消费是现成消费力量的3~5倍，甚至更高，而挖掘新的消费者所花费的成本是挖掘“休眠客户”的8倍，所以唤醒“休眠客户”是一项非常重要的经营行为。

因此，管理好休眠客户，同样能给4S店带来不小的销量增长。

一、休眠客户管理步骤

主要按以下几个步骤做好休眠客户管理：

1. 第一步　及时对休眠客户进行回访

对休眠客户的回访工作，建议放在销售顾问判定客户休眠后的一周内。只有及时对休眠客户进行回访，才能判断出休眠客户最即时有效的状态及其处于此状态的原因。回访内容包括以下十点：

① 是否记得销售顾问？

② 对于服务是否满意？

③ 是否接过跟进电话？

④ 是否已经购车？

⑤ 如已购车，未在我店购车的原因？

⑥ 如已购车，购买了哪个品牌？

⑦ 如未购车，是否愿意再次来店？

⑧ 如未购车，是否愿意由原销售顾问继续跟进？

⑨ 如未购车，还有哪些疑虑？

⑩ 如未购车，还在考虑哪些品牌？

表3－1展示了某品牌休眠客户回访结果分析汇总的数据。

表3－1 某品牌休眠客户回访结果分析汇总

调研车型	A车	
客户进店时间段	9－10月份	
调研样本数	182	
持续回访中		
失败回访	91	50.0%
成功回访	91	50.0%

调研重点	是否记得销售顾问姓氏		对5C服务是否满意				是否跟进		
选项	是	否	满意	一般	不满意	不记得	是	否	不记得
样本数	27	64	62	6	0	20	19	73	0
占比	29.7%	70.3%	70.5%	6.8%	0.0%	22.7%	20.7%	79.3%	0.0%

调研重点	是否已经购买		顾客不在我店购车的原因						
选项	是	否	价格高	车型不喜欢	无现车	服务差	不方便	不愿透露	其他
样本数	49	42	8	7	5	1	0	4	14
占比	53.8%	46.2%	20.5%	17.9%	12.8%	2.6%	0.0%	10.3%	35.9%

调研重点	39位战败顾客购买的品牌			
选项	B品牌	其他A品牌	C品牌	其他
样本数	16	5	10	8
占比	41.0%	12.8%	25.6%	20.5%

(续)

调研重点	是否愿意再次来店(未购买)			是否需要原销售顾问继续联系		
选项	是	否	不愿透露	愿意	无所谓	不愿意
样本数	20	2	1	13	2	7
占比	87.0%	8.7%	4.3%	59.1%	9.1%	15.6%

调研重点	未购车的顾虑						
选项	等优惠	等现车	竞品比较中	无购买计划	资金不到位	忙	其他
样本数	1	1	9	0	4	2	6
占比	2.2%	2.2%	20.0%	0.0%	8.9%	4.4%	13.3%

调研重点	顾客考虑购买的品牌			
选项	B品牌	C品牌	D品牌	E品牌
样本数	1	1		
占比	9.1%	9.1%	0.0%	0.0%

2. 第二步　通过回访判断客户是否真实处在休眠状态

针对某品牌A车型9—10月份的182名休眠客户的真实回访统计(见表3-1),在成功回访的91名客户中,表示已经购车的占53.8%。由此可见,这53.8%的已购车客户并非真正的休眠客户,说明销售顾问在判断是否为休眠客户时并不完全准确。有可能正是因为销售顾问没有及时回访,客户才去购买了竞争品牌的车辆。

3. 第三步　通过回访判断下次跟进客户的时间节点,唤醒休眠客户

可以看出,在受访的真实休眠客户中,有87%表示愿意再次到店。由此可见,掌握准确的休眠客户下次跟进的时间节点,可以有效地帮助4S店增加销售机会。

二、休眠客户唤醒方法

找出了休眠客户的跟进时间节点,就需要使用有效的方法将休眠客户唤醒。将休眠客户唤醒,常用以下三种方法:

1. 主动联系,使休眠客户走向前台

主动联系是汽车销售工作的常规手段,管理休眠客户需要建立长效的联系机制与办法。就如亲戚朋友都需要经常走动与联络才会更加亲密一样,客户就好比自己家里的亲戚，也需要长效的联络方式与方法，主动联系是留住与开拓客户资源的必要手段。

如何主动联系休眠客户？一般的4S店是通过信函邮寄、电话沟通、短信联系、微信联系的方法，同时建立有效的消费者档案与制订服务办法，遵守定期联系制度，促使休眠客户成为忠诚度较高的客户。除了以上这些常规办法之外，还可以采用一些比较隐蔽的方式，比如，运用客户之间互通联系的办法，将客户组织成为一个集体，比如创建QQ群、微信群等。

在主动联系时要讲究方式方法，切不可盲目联系，以免打扰客户，引起不必要的麻烦。重视对待客户的态度与服务的质量。在联系前，一定要想客户之所想，提前掌握客户的详细资料并不断完善，准备充分后方可行动。

2. 特别提醒优惠与促销活动

特别提醒使客户感受到别样的关怀，便会产生一种感谢的心态，在特别提醒时，要注重对客户的各种关照，要让客户感觉优惠活动是为他量身定做的，机会非常难得。

在优惠与促销的过程中，需要讲究对客户个体的分析与研究，研究客户的喜好与需求，把促销的条件用得恰到好处，把难得的机会让给客户，把最好的消息告诉客户，把需要的利益驱动给客户，集聚客户的整体能量，从而产生连锁效果。为了使促销的效果更佳，还可以拿老客户的资料加以说明，发挥互动的最佳作用。

3. 奖励忠诚，诱惑与奖赏并举

休眠客户一般都处在观望当中，别的客户能够得到什么好处是他最关心的，能够吸取别人的教训是休眠客户共同的心理特点。在这样的情况下，要对忠诚的客户进行奖励，奖励的项目要比较实在与实用，并且奖励方案要通过一定的渠道加以传播。传播可以是对休眠客户单向的，也可以是大面积的，造成轰动性效果，不断采取办法诱惑休眠客户，刺激其购买欲望。奖励忠诚可以显示可信度，也能够提高品牌意识，加强横向联动，树立形象，不断巩固老客户，从而为开拓休眠客户打下伏笔。

诱惑与奖赏并举是一种比较有用的方法，如果休眠客户能够有一定的消费倾向，那么一定会在一段时间内成为又一个忠诚的客户资源，奖赏的目的在于不断刺激客户再次做出购买行为，通过物质加以诱惑，达到对休眠客户的有效关注，通过不断加强诱惑的次数，不断积累奖赏的频率，发挥保护老客户的作用，建立对新客户的吸引力，有效拉动休眠客户。

第二节　汽车4S店战败客户管理

战败客户是指“来店客户登记表”上记录的意向客户，但跟踪时表示不再考虑购买本品牌车型或者已经购买了其他品牌车型的客户。

一、重视战败客户管理

在相当长的一段时间中，销售顾问往往忽视了战败客户这一群体。一旦客户明确表示不会在我们店购买或者不会购买我们的产品时，销售顾问就自然放弃了关注。尽管相对休眠客户而言，战败客户的“激活”会更有难度，但是深入思考和分析一下，就会发现，盲目地放弃其实是最大的浪费。在市场需求锐减、客源不足的大环境下，合理挖掘和利用战败客户资源有着重大意义。

① 注重战败客户的挖掘是最为“低投入，高产出”的，极具销售“性价比”。

② 战败客户并非一定是真正的“战败”，即使无法挽回，战败客户也可能为4S店增加转介绍的机会或换购的机会。

③ 进行战败客户的分析与挖掘，可以为营销策略的制订和销售顾问的管理提供有效的数据，还可以提升后期的销售和成交率。

二、如何合理应对与处理客户发出的战败信号

在客户表达出战败情绪和发出战败信号的第一时间，我们应该怎样合理地应对与处理?

1）要明确战败客户就是前一刻的“意向客户”，你已经在他们身上花费了相当多的时间、精力和成本，一旦客户说不买了，就不问原因地放弃，显然之前

的投入也就白白浪费了。因此，一定要问一句“为什么”。询问客户“为什么”就是回访战败客户的过程，其目的是让自己找到根源问题是什么。针对战败客户回访，可以设计一张“战败客户回访问卷”，如图 3－1 所示。

<table>
<tr><td>姓名：</td><td>性别：</td><td>电话：</td></tr>
<tr><td>战败回访日期：</td><td>关注车型：</td><td>销售顾问：</td></tr>
<tr><td colspan="3">（开场白）
1. 您好×先生/×女士，很冒昧打扰您，我是××品牌的展厅经理________。（自我介绍、唤起记忆）
2. 今天打扰您，主要是因为您之前来过我们展厅看车，并且和销售顾问多次联系过，但最终没有选择我们，因此想了解一下原因，看看我们的服务或者其他方面还有哪些不足，也可以帮助我们更好地改善和提高。（说明目的、消除戒备）
3. 想了解下您现在购得爱车了吗？</td></tr>
<tr><td colspan="3">建议话术：（没买）您在考虑哪一方面的因素所以还没有决定购买呢？
是销售顾问在购车过程中的服务没有做到位，还是有其他原因呢？</td></tr>
<tr><td colspan="3">客户反馈意见：</td></tr>
<tr><td colspan="3">建议话术：（买了）恭喜您购得爱车，不知道您购买了哪个品牌的车呢？
请问没有购买我们品牌的车型主要原因是什么？</td></tr>
<tr><td colspan="3">战败主要原因记录</td></tr>
<tr><td>1. 在其他经销商那里购买的主要原因</td><td colspan="2">1. 车型不符（ ） 2. 车型缺货（ ）
3. 促销政策（ ） 4. 朋友推荐（ ）
5. 交通不便（ ） 6. 环境设施差（ ）
7. 价格偏高（ ） 8. 按揭不畅（ ）
9. 销售人员（ ） 10. 区域限制（ ）</td></tr>
<tr><td>若客户选择“销售人员”的选项，转入下一环节，询问客户销售人员的失败原因</td><td colspan="2">A. 服务态度欠佳（ ） B. 跟进不及时（ ）
C. 专业知识不足（ ） D. 不完全了解需求（ ）
E. 解决问题的能力不足（ ）</td></tr>
<tr><td>2. 购买其他品牌的主要原因</td><td colspan="2">1. 没有现货，等车时间过长（ ）
2. 品牌偏好（喜好）（ ）
3. 受周围人影响（ ） 4. 环境设施优越（ ）
5. 促销政策吸引（ ） 6. 销售人员（ ）</td></tr>
<tr><td>若客户选择“销售人员”的选项，转入下一环节，询问所购品牌销售人员成功的原因</td><td colspan="2">A. 服务态度热忱（ ） B. 跟进及时且周到（ ）
C. 专业知识丰富（ ） D. 了解需求（ ）
E. 解决问题能力强（ ）</td></tr>
<tr><td colspan="3">结束语：谢谢您×先生/×女士，虽然很遗憾这次没能满足您的需求，但希望下次还有机会为您服务！再次感谢您的配合，祝您生活愉快，再见！</td></tr>
</table>

图 3－1　战败客户回访问卷

2）根据“战败客户回访问卷”汇总的信息制作一张“战败客户分析表”（见表3-2）。

表3-2　战败客户分析表

类别	客户名称	拟购车型	电话	初洽日期	战败日期	战败品牌（车型）	销售顾问	战败原因分析

通过记录“战败客户分析表”，销售管理人员要对战败的原因进行总结，找到自身的短板。

通过总结绝大多数的战败案例，往往会发现，根源性问题无外乎都集中在以下三个方面：

① 品牌战败。对于品牌的不认可。

② 4S店战败。对于4S店硬件、服务流程、车辆价格的不认可。

③ 销售顾问战败。对于销售人员的态度、服务、专业知识的不认可。

战败分析就是要真实探究到客户的想法，是因为觉得价格不在承受范围内，还是优惠额度不够，或者是对产品的关注点发生了转移，又或者只是对销售流程或服务不满意……

不同的问题可以有不同的应对方法：比如客户因资金出现问题而不能买车，我们可以建议贷款购车；客户对产品不满意，我们可以针对客户需求做深入的产品介绍，包括深度体验。只要不牵涉到原则性问题或者不可抗力的原因，你会发现，其实相当一部分第一时间提出拒绝理由但是还没有购买其他品牌车型的客户都是可以被逆转的。

3）当战败不可逆转时，与客户良好的沟通可以建立起牢固的信任纽带，甚至使我们与客户成为朋友，帮助我们再次吸引到热情忠诚的客户。卖车不仅仅是卖产品，更要注重人心与服务细节，建立起我们与客户间信任的纽带。

第四章 保有客户管理

第一节　汽车4S店保有客户维系方法

保有客户是指已经在4S店购车的客户。保有客户营销是一项长期持续、不断累积的营销过程。

一、保有客户营销的重要性

从长线来看，保有客户营销对于4S店销售目标的达成起着至关重要的作用。

1）不同于意向客户需要投入大量的广告宣传资源来慢慢累积，保有客户是汽车4S店手头上庞大的免费资源。

2）保有客户对销售的贡献率非常可观。优秀4S店的保有客户带来的销售贡献率可以达到28%～32%。

3）在没有新车上市和大型促销活动吸引客户的时候，保有客户更是4S店可以充分利用以挖掘订单的重要资源。

二、保有客户管理可带来的业绩体现

保有客户管理可以为销售体系带来的业绩主要包括三个方面：

1）保有客户推荐。车主及其直系亲属推荐他人并形成实际销售的行为。

2）保有客户增购。车主本人或其直系亲属再次购买并形成实际销售的行为。

3）保有客户置换。车主本人在4S店出售原车后再次购买本品牌车型，并形成实际销售的行为。

三、保有客户管理的内容

落实主要从以下三个方面做好保有客户的管理：

1. 确保保有客户资料的完善

制作“客户管理卡”，精准管理保有客户的信息资料，如图4－1所示。

<table>
<tr><td colspan="5">客户管理卡</td><td colspan="2">客户分类</td><td colspan="2">1－本牌</td><td>2－他牌</td></tr>
<tr><td colspan="5">制卡日期：　年　月　日</td><td colspan="3">订单编号：</td><td colspan="2">客户编号：</td></tr>
<tr><td rowspan="10">顾客资料</td><td rowspan="2">客户姓名</td><td rowspan="2"></td><td rowspan="2">男/女</td><td rowspan="2">公司
个人</td><td>家庭电话</td><td colspan="2"></td><td rowspan="2">开始年月</td><td rowspan="2">担当顾问</td></tr>
<tr><td>移动电话</td><td colspan="2"></td></tr>
<tr><td>家庭地址</td><td colspan="4"></td><td>邮政编码</td><td></td><td>年　月　日</td><td></td></tr>
<tr><td>E-mail</td><td colspan="2"></td><td>微博/微信</td><td colspan="3"></td><td rowspan="2">年　月　日</td><td rowspan="2"></td></tr>
<tr><td>QQ/MSN</td><td colspan="2"></td><td>个人爱好</td><td colspan="3"></td></tr>
<tr><td>身份证号</td><td colspan="2"></td><td>身份证地址</td><td colspan="3"></td><td>年　月　日</td><td></td></tr>
<tr><td rowspan="2">单位</td><td colspan="2" rowspan="2"></td><td rowspan="2">行业别</td><td rowspan="2"></td><td rowspan="2">办公电话</td><td rowspan="2"></td><td>客户是否加入俱乐部</td><td>是/否</td></tr>
<tr><td>是否参加俱乐部活动</td><td>是/否</td></tr>
<tr><td rowspan="2">单位地址</td><td colspan="2" rowspan="2"></td><td rowspan="2">邮政编码</td><td rowspan="2"></td><td rowspan="2">单位其他信息</td><td rowspan="2"></td><td>会员级别</td><td></td></tr>
<tr><td>驾照年审日期</td><td>月　日</td></tr>
<tr><td rowspan="4">来店管理</td><td>购车侧重</td><td colspan="8">外形（ ）动力（ ）油耗（ ）舒适（ ）安全（ ）操控（ ）静音（ ）空间（ ）配置（ ）车色（ ）</td></tr>
<tr><td>信息源</td><td colspan="8">平面媒体（ ）数字媒体（ ）广电媒体（ ）户外媒体（ ）传播媒体（ ）</td></tr>
<tr><td>意向车型</td><td></td><td colspan="2">意向车色</td><td colspan="2"></td><td>购买类型</td><td colspan="2">新购（ ）增购（ ）换购（ ）</td></tr>
<tr><td>意向竞车</td><td></td><td colspan="2">使用目的</td><td colspan="5">商用（ ）生活（ ）休闲（ ）上班（ ）爱好（ ）运动（ ）其他（ ）</td></tr>
</table>

图4－1　客户管理卡

销售渠道		家人情况	家人姓名	关系	生日	家人情况	介绍业绩（销售线索）	年 月	介绍对象	关系
自然到店										
基盘推介										
外展外拓										
ITMC										
大客户		介绍人	姓名		关系					
二网			移动电话		家庭办公电话					
其他			邮政编码		地址					

牌照信息	牌照号码	领照地址		初次登记领照日期	年审到期日	购车年月	其他
				年 月 日	年 月 日		
车辆信息	车型代号	车身号码	发动机号	颜色	出厂年月	售价	订单编号
使用人信息	车主姓名	车主电话	联络人	联络电话	主要使用人	联络电话	与车主关系

车辆购买地	经常光临的服务站	付款方式	1－现付 2－按揭	保险	1－在本特约店投保 2－自行购买	
1－本特约店 2－他特约店	1－本服务站 2－他服务站		按揭完成： 年 月		保险到期	年 月 日

置换商谈记录	年/月/日	置换价格	希望车型及条件	同时拥有车辆	车型	初次登记日期	车牌号

以前拥有车辆	型号	价格	出厂年份	上牌登记年月	行驶距离	其他重要信息或注意事项
	换车原因					

图4－1 客户管理卡（续）

保有客户的“客户管理卡”管理需做到填写完整、内容真实、保管妥善。

2. 加强与保有客户之间的沟通

常见的与保有客户沟通的形式主要有：

1）微信。微信可以实现单向的信息告知以及双向的互动回复，还可用于报名活动、收集推荐购车名单等。

2）电话。电话渠道适用于关键客户的精准沟通，通常用于重要信息的告知以及邀约。

3）会员网站。4S 店可以在本店的会员网站上发布公告以及活动广告。

4）车主 App。4S 店可以在 App 站点发布活动广告和公告信息。

5）微信公众号。4S 店可以通过微信公众号来发布活动广告和公告信息。

常用的保有客户沟通话术可以分为如下两类：

第一类，销售顾问在新车交车时向客户宣传推荐购车政策。

销售顾问：××先生/女士，感谢您选择××品牌汽车作为您的出行伙伴。另外，如果您的朋友有购车需要请告诉我，我一定好好接待他们，为他们安排看车和试车。根据××品牌的车主忠诚度奖励计划，经由您介绍成功购车的情况下，您可以获得××品牌总部送出的积分×分和4S 店送出的积分×分，积分可以用来兑换售后服务，也可以换取精品。这是宣传单，您可以了解一下。

第二类，服务顾问在客户回厂时向客户宣传推荐购车政策。

服务顾问：××先生/女士，很快便轮到您的爱车了，请稍事休息喝口水。对了，××品牌现正推出车主忠诚度奖励计划。如果您的朋友有购车需要请告诉我，我可帮您转交销售顾问跟进，您的朋友一定会受到热情接待的。如果您的朋友成功购车，您可以获得××品牌总部赠送的积分×分及4S 店赠送的积分×分，积分可以用来兑换售后服务，也可以换取精品。这是宣传单，您可以了解一下。

3. 开展具有吸引力的保有客户活动

在车市淡季、无新车上市或大型促销活动时，新增意向客户不足，进而给销售达成带来压力，这时就是开展保有客户活动的最佳时机。例如，每年的3—4月、7—8月和年底这三个时间段。可通过深度挖掘手头保有客户，为销售达成提供契机。此外，厂家有大力度的保有客户政策支持时，也是开展保有客户活动的有利时机。

第二节　汽车4S店保有客户活动开展

一、保有客户活动的目标客户类型

保有客户活动的目标客户主要分为以下三类：

1. 第一类，新购车车主

这类客户刚刚购买新车，与品牌和产品正处于蜜月期，认可度较高。应抓住这一有利时机，通过活动邀约客户回店，进一步提升客户对品牌的好感度。将其转化为忠诚客户，为后续的售后产值和转介绍资源挖掘打下基础。

2. 第二类，置换期车主

购车时间已达三年以上，开始进入置换期的客户。针对这一类型客户，通常会通过定期推送促销信息来激发置换需求。

3. 第三类，高度忠诚车主

半年内回厂次数较多，或一年内转介绍贡献较多的忠诚客户。这类客户对品牌和产品的认可度高。

二、保有客户活动的诱因包装

保有客户活动的开展要想达到有效集客的目的，要对客户有充分的诱因包装，常用的诱因包装如下：

1. 第一，实惠的礼品包装

把政策资源打包成大礼包，通过逐层的激励带给客户惊喜，以实惠吸引客户。例如：只要推荐线索就送50积分，到店参加活动有惊喜，现场推出购车优惠套餐，成功推荐、置换、增购送价值1000元的加油卡。

2. 第二，车主讲堂

这类活动活动费用较少，并且维系新购车车主的效果较好。做好车主讲堂活动有三点小技巧：

1）筛选客户。建议邀约对象以购车3个月内的新客户为宜，这时的客户对自己的车和外界维修厂提供的维修和保养服务还不太了解。一定要抓住免费保养结束前的机会，及时引导客户形成有问题找4S店的回厂意识。

2）选择车主讲堂内容。车主讲堂的主要目的，是告知客户4S店的专业维修和保养服务比其他修理厂更有品质保障，从而绑定客户，为售后产值提供保障。因此，在车主讲堂内容的设置上，应以汽车保养和维修知识为主。

3）鼓励新车主邀约亲朋好友一同参加车主讲堂。4S店可以将车主讲堂常态化，用小礼品或会员积分吸引新车主邀约亲朋好友一同参加车主讲堂。同时，4S店要做好这批新到店客户的留有资料工作，将其转化为销售线索。

3. 第三，一起参加热门的、娱乐性强的、有意义的活动

把政策资源与活动相结合，举办有意义的活动，邀请保有客户与朋友参加，挖掘潜在客户。例如，举办保有客户电影包场活动、自驾游活动，车主可获得免费名额并可邀请意向购车的朋友，在活动中推出购车优惠政策。

4. 第四，让激励可以积少成多

政策鼓励保有客户多次推荐，推荐越多回报越大，激发客户赢取大奖的心理。例如，包装“旅游合家欢”活动，依据累计推荐数，赠送不同级别的旅游大奖。

案 例

王子璐是某品牌一家4S店的销售经理，而该品牌S车型的市场销量一直不佳，尤其是最近，该4S店已经连续三个月在该车型的销量上吃了“鸭蛋”。面对这一情况，王子璐已针对S车型的意向客户开展了多场促销活动，但客户到场率极低，销售量更是毫无起色。

于是，王子璐查看了过去三年里购买S车型的客户资料。结果发现，S车型并不属于市场主流的车型，意向客户数有限。但S车型有着良好的操控性，是“玩车一族”的酷爱，属于小众车型。并且，已购S车型的客户对于S车型的评价很好，转介绍率也较高。

接下来，王子璐便把促销活动转移到保有客户的方向，开展了几场“操控体验”活动，邀请保有客户带亲朋好友共同参加。

结果，在保有客户活动开展后，该店S车型一个月内销售了4台，迅速缓解了之前巨大的库存压力。

第五章 客户满意度管理

第一节 提升购车客户满意度的作用

从客户的角度出发，提升展厅成交率的方法，除了不断地减少每一部分客户的流失量外，还有提升客户的满意度。汽车营销的客户满意度主要用两个指标来衡量：一个是SSI，即销售的客户满意度；一个是CSI，即服务的客户满意度。

进行满意度研究，旨在通过连续性的定量研究，获得客户对特定服务的满意度、消费缺陷、再次购买率与推荐率等指标数据，找出客户内、外部的核心问题，发现快捷、有效的途径，实现最大化价值。

真正的客户服务满意度，是客户对服务的期望值，这种期望值来源于三方面：客户对服务的需求、客户以往享受服务的经历、客户对其他企业的了解。4S店在为客户提供服务的时候，也在不断地了解客户对服务的期望值有多大，而后根据自己对于客户期望值的理解去为客户提供服务。

一、4S店与客户期望值的差距

在现实中，4S店对于客户期望值的理解和所提供的服务，与客户自己对于服务的期望值存在着某种差距，可能的情况有五种：

① 客户对于服务的期望值与4S店管理层对于客户期望值的认知之间的差距。

② 4S店对客户所做出的服务承诺与4S店实际为客户所提供的服务质量之间的差距。

③ 4S 店对客户服务质量标准的要求和服务人员实际所提供的服务质量之间的差距。

④ 4S 店管理层对于客户期望值的认知与客户服务质量标准之间的差距。

⑤ 客户对于 4S 店所提供的服务的感受与客户自己对于服务的期望值之间的差距。

二、客户对 4S 店满意度五要素

客户对 4S 店的满意度包括最重要的五个要素依次如下：

1）信赖度：是指一个 4S 店是否能够始终如一地履行自己对客户所做出的承诺，当这个 4S 店真正做到这一点的时候，就会拥有良好的口碑，赢得客户的信赖。

2）专业度：是指 4S 店的服务人员所具备的专业知识、技能和职业素质，包括：提供优质服务的能力、尊敬客户、具备与客户有效沟通的技巧。

3）有形度：是指有形的服务设施、环境，服务人员的仪表以及服务人员对客户的帮助和关怀的有形表现。服务本身是一种无形的产品，但是整洁的展厅环境、配备幼儿娱乐区等，都能使服务这一无形产品变得有形起来。

4）同理度：是指服务人员能够时时设身处地为客户着想，真正理解客户的处境、了解客户的需求。

5）反应度：是指服务人员对于客户的需求给予及时回应并能迅速提供服务。当服务出现问题时，马上回应、迅速解决能够给服务质量带来积极的影响。客户需要的是积极主动的服务态度。

客户对于这五个要素重要性的认知和 4S 店的认知有所不同。客户认为，在这五个服务要素中，信赖度和反应度是最重要的，这说明客户更希望 4S 店或服务人员能够完全履行自己的承诺并及时解决问题；而 4S 店则认为这五个服务要素中有形度是最重要的。

这正表明，4S 店管理层对于客户期望值的理解与客户真正的期望值之间存在着差距。

可以看出，客户服务的满意度与客户对服务的期望值密切相关。4S店需要站在客户的角度不断地用服务质量的五大要素来衡量自己所提供的服务，只有4S店所提供的服务超出客户的期望值时，4S店才能获得持久的竞争优势。

第二节 影响购车客户满意度的因素

客户满意度是一个人将一个产品或服务的可感知的效果与他的期望值相比较后，所形成的愉悦或失望的感觉状态。

一、客户满意度的影响因素

客户感受满意或不满意受到以下四方面因素的影响：

1. 产品和服务让渡价值的高低

客户对产品或服务的满意程度，会受到产品或服务的让渡价值高低的重大影响。如果客户得到的让渡价值高于他的期望值，他就倾向于满意，差额越大越满意；反之，如果客户得到的让渡价值低于他的期望值，他就倾向于不满意，差额越大就越不满意。

2. 客户的情感

客户的情感同样可以影响其对产品和服务的满意的感知。这些情感可能是稳定的、事先存在的，比如情绪状态和对生活的态度等。非常愉快的时刻、健康的身心和积极的思考方式，都会对所体验的服务的感觉有正面的影响。反之，当客户正处在一种恶劣的情绪当中，消沉的情感将被他带入对服务的反应，并导致他对任何小小的问题都不放过或感觉失望。

消费过程本身引起的一些特定情感也会影响客户对服务的满意。例如在中高档轿车的销售过程中，客户在看车、试车和与销售顾问沟通过程中所表现出来对成功事业、较高的地位或是较好的生活水平的满足感，是一种正向的情感。这种正向情感是销售成功的润滑剂。从让渡价值的角度来看，这类客户对形象价值的认定水平比一般客户要高出许多，因此才会有这样的结果。

3. 对服务成功或失败的归因

这里的服务包括与有形产品结合的售前、售中和售后服务。归因是指人们对他人或自己行为原因的推论过程。当客户被一种结果（服务比预期好得太多或坏得太多）震惊到时，他们总是试图寻找原因，而他们对原因的认识能够影响其满意度。

例如，一台车虽然修好了，但是没能在客户期望的时间内修好，客户所认为的延迟原因（这有时和实际原因是不一致的）将会影响他的满意度。如果客户认为延迟原因是4S店没有尽力，因为这笔生意赚钱不多，他就会不满意，甚至很不满意；如果客户认为原因是自己没有将车况描述清楚，而且新车配件确实紧张，他的不满程度就会降低一些，甚至认为4S店是完全可以原谅的。

相反，对于一次超乎想象的好服务，如果客户将原因归为“4S店的分内事”或“现在的服务质量普遍提高了”，那么这项好服务并不会提升这位客户的满意度；如果客户将原因归为“他们因为特别重视我才这样做的”或是“这个品牌是因为特别看重与客户的感情才这样做的”，那么这项好服务将大大提升客户对4S店的满意程度，进而将这种高度满意扩张到对品牌的信任上。

4. 对平等或公正的感知

客户的满意还会受到对平等或公正的感知的影响。客户会问自己：我与其他的客户相比有没有被平等对待了？别的客户得到比我更好的待遇、更合理的价格、更优质的服务了吗？我为这项服务或产品花的钱合理吗？我所得到的比人家多还是少？公正的感觉是客户对产品和服务满意感知的中心。

购车客户的需求是分不同层面体现的，影响客户满意度的因素也体现在不同的层面。影响购车客户满意度的因素见表5－1。

表5－1 影响客户满意度的因素

客户需求	经销商应做到	销售环节	影响
买一台好车	车辆质量＋状态	介绍	成交率↑
在一个信任的地方买	销售顾问专业服务	接待	成交率↑

（续）

客户需求	经销商应做到	销售环节	影响
服务热情	销售顾问热情服务	接待	成交率↑
开开心心地买部车	交车过程	交车	售后利润↑转介绍率↑
替我分忧	服务项目切合客户需求	客户维系	售后利润↑转介绍率↑

二、影响客户满意度的核心问题

提升客户满意度不仅要改善表层问题，还需要找到影响客户满意度的核心问题。

1. 从行业规律来看，客户满意度的好坏与4S店的服务过程执行力息息相关

服务过程执行到位，客户满意度就好；服务过程执行不到位，客户满意度就呈现明显的波动。大部分汽车厂家都对4S店的服务过程有明确的标准，比如，客户电话应该在铃声响3次以内接听，如果超过3次才接听，开场白就要相应变化等。这些标准是基于客户期望和品牌特点而设立的，是汽车厂家花较大心血研究出来的，4S店只有严格遵守这些标准才能保证过程执行力。

2. 服务过程执行力与4S店的管理水平息息相关

4S店如果要保证一项服务标准执行到位，就必须从人员、硬件、流程和管理四方面综合着手。

以回访为例，4S店应分析：是否有足够的人员进行电话回访，他们的电话回访技巧是否过关，为回访所配置的工位、电话和电脑等硬件设备是否充足，回访有没有清晰的步骤、标准与细则，对于相关人员、硬件和流程的管理是否有清晰的制度并严格执行了。

不同4S店面临的问题是有差异的：有的4S店没有专职电话回访员，而且从未对电话回访人员进行过业务培训；有的4S店没有专门的回访电话与工位；有的4S店根本没有电话回访的流程记录文件等。只有找到了相关症结，才能对症下药。因此，4S店可以通过建立“客户满意度管理制度”来提高服务过程执行力。

案例

王子璐是某品牌4S店的总经理，他制定的“客户满意度管理制度”内容如下：

为了让销售部在提高销量的同时全面提升客户满意度，使销售部全体销售人员从思想上对销售工作及客户满意度有一个正确的认识，确保销售部的客户满意度达到SSI目标，特制定考核管理办法，具体内容如下：

销售部全体销售人员均要参与考核（未转正的销售助理不参与考核），每个销售顾问满意度的达标分值为95分（以当月已上牌提车的客户总数为考核基数），考核以月度为周期，考核依据是SSI的调查报告。

销售顾问在交车时必须请客户完整填写“客户满意度调查问卷”，违者扣1分。

所有销售顾问在交车后1～2小时内必须电话回访提车客户，询问提车客户是否已安全到家，并合理引导客户在接到公司及工厂的回访电话时为满意度评分，对客户说：“对4S店的工作和服务非常满意，请打10分”。未按时回访客户的销售顾问，扣1分。对已提车的客户，销售顾问应定期或不定期地进行慰问沟通，以维系与客户之间的友谊。

销售主管协助销售顾问，对SSI当月调查报告中的满意客户进行分析评估，并要在2天内进行跟进回访，促使满意客户提升为非常满意客户，以确保销售部整体的客户非常满意。

销售主管应帮助销售顾问对SSI当月调查报告中的非常不满意客户进行分析评估，并应在2天内进行回访，以取得客户的谅解，进而将非常不满意客户升级为非常满意客户。

全体销售人员必须不断提高业务及礼仪接待水平，确保进入展厅或来电咨询的客户的满意度。各销售主管应加强对本小组销售人员的管理。如有销售顾问被客户有效投诉，被投诉者扣1分，并给予其小组销售主管扣1分的处罚。

为了确保公司客户满意度的提升，公司设立了客户满意度与工资挂钩的制度给予优异者相关提成。

再次，4S店的管理水平是逐层影响的。

一名好的总经理，可以有效影响销售主管；一名好的销售主管，可以有效影响其管理的员工。我们发现，客户满意度不高的4S店，其总经理存在的不足和短板是相当明显的。

排第一位的是经营理念，有的总经理核心关注的是销量，并未真正建立起服务的经营理念。排第二位的是经营思路，有的总经理仍以售前为重，对售后服务的关注程度明显偏低，相应的资源投入也明显不足。排第三位的是经营方法，有的总经理缺乏有效的管理工具与方法，对于PDCA、标准化、过程控制等工具方法的应用严重不足。

所以，提升客户满意度必须从销售的每一个环节出发，找到影响满意度的各项因素，一一提出解决方案。

第三节　提升购车客户满意度的方法

一、客户满意度研究方法

客户对4S店的满意存在着程度上的区别，为了了解这种满意程度，4S店可以通过以下四种方法进行客户满意度研究：

1. 客户满意度专项调查

客户满意度研究通常采取等级型封闭式问题，例如，请问您对本店的接待是否满意?

2. 投诉和建议制度

4S店为客户进行投诉和建议提供一切可能的渠道，做法各异：有些4S店向客户提供不同的表格，请客户填写投诉和建议；有些4S店设置建议箱或评议卡，并雇佣一些第三方公司收集客户的意见或建议；有些4S店通过设置热线电话或投资建设功能强大的呼叫中心来听取客户的投诉和建议。

3. 神秘客户

有些汽车主机厂会雇佣一些顾问公司的人员或是消费者，有些用内部人员（这些人往往是后台工作人员，他们与前台工作人员互不相识），他们装扮成客户，亲身经历一般客户在消费中所需要经历的全部过程，然后向公司报告公司及其竞争产品（或服务）的优点和缺点。

这些神秘客户甚至会故意提出一些问题，以测试4S店的销售人员、前台服务人员和抱怨处理人员能否做出适当的处理（见表5-2）。

表5-2 神秘客户调研表

环 节	指标描述
开始购车	在4S店处等候被接待的时间
	进店后是否得到了充分的关注和指引
	静态实车介绍
	实车试驾及介绍
销售人员	销售人员礼貌程度
	销售人员关注您的购车需求，提出合理的购买建议
	销售人员的车辆知识和专业技能
	销售人员对您的需求和疑问的响应速度
	销售人员是否诚信
4S店设施	4S店外观及店面设施
	交易洽谈区或办公区的舒适程度
	在售车型的丰富程度
	展厅内车辆陈列有序，方便看车
交易过程	就最终价格达成协议的容易程度
	成交价格的合理性
	完成所有书面文件流程的及时性
	对书面文件解释的清晰程度
	交易内容公开透明、明确易懂
交车过程	在承诺的时间内交车的能力（从签定购车合同到交车）
	对新车配置进行详细的解释
	新车状况（干净、无凹陷、划痕等）
	交车当天完成交车流程的及时性

4. 研究流失的客户

客户之所以会流失，大多是因为客户对该4S店不满，或是客户认为不存在必须在此店购车的理由。

这也就是说，有些4S店可能因某些事情得罪了客户，令其感到不满；而有些4S店与其竞争对手相比，在留住客户的努力上几乎没有什么特别之处，而将其客户吸引走的那家4S店则具有更为独到的做法。

4S店不仅要和那些流失的客户沟通，而且还必须想办法控制住客户流失率，这些办法就来自与流失客户的沟通之中。

客户满意度不仅是一个非常重要的业绩考核指标，还是一个既现实又痛苦的问题。

之所以说“现实”，是因为绝大多数汽车厂家都会把客户满意度作为考核4S店的重要指标，并直接与4S店的“返利”挂钩。

之所以说“痛苦”，是因为不少4S店都认为，稳定提升客户满意度是相当困难的，很多4S店在客户满意度提升方面仍然处在“头痛医头，脚痛医脚”的阶段。

举例来说，客户对某4S店的满意度评价较低，一个重要的原因是对4S店的回访不满意。4S店发现该问题后，一般会由总经理亲自出面，给客户打回访电话，一段时间内成效明显，满意度会有所提升，但随着总经理关注度的下降，成绩便会再次出现波动。

4S店需要意识到，客户满意度的提升绝不仅仅是为了应付主机厂考核和返利的数据。客户满意度的提升，直接关系到自身的销量、保有客户转介绍量以及售后回厂情况。

二、提升客户满意度的方法

从影响客户满意度的因素分析中可以发现：接待环节的满意度主要影响展厅的成交率，交车环节的满意度主要影响保有客户转介绍率，而维修阶段的满意度主要影响售后回厂率。做好以上三个环节，便可以有效提升4S店的整体利润。

因此，我们将主要从接待、交车和维修三个角度来阐述客户满意度的提升方法。

1. 接待

1）微笑。微笑永远是让人产生好感的第一法宝。

2）及时热情接待。接待是否及时热情关乎客户进店的第一印象，而第一印象往往会对最终决策会产生巨大影响。

3）记住客户的名字，也让客户记住你。

4）言谈举止专业、得体、亲切、不卑不亢。

5）多咨询和交流客户感兴趣的内容，包括与购车无关的事情。

6）不给客户造成压力。

7）能迅速化解客户的疑虑。

8）了解客户需求，站在客户的角度上考虑问题。

案 例

某品牌4S店的一位销售顾问王子璐某天在展厅值班。一位30岁左右的女士带着一只白色的“贵宾犬”来到展厅。“贵宾犬”走路摇摇摆摆非常可爱。王子璐迎上前去一面招呼客户，一面抱起“贵宾犬”直夸小狗漂亮可爱。客户看起来非常开心。

两人来到客户休息区入座后，也并没有立即谈论卖车的话题，而是继续谈论着小狗的话题。王子璐和这位女客户交流了很多有关养狗的心得，并把手机上自己家的狗狗照片与客户分享。大约30分钟后，客户简单问了一下车辆和优惠的情况，便下了订单。

整个销售过程真正谈论车辆的时间很少。在交车时，王子璐问这位女客户为什么这么快就签下了订单。客户说：“你对我的狗狗都这么关心，那你们以后当然会对我这辆车好好维护和保养了。”王子璐又说：“但你对这还没怎么了解啊。”客户笑着说：“现在是网络时代，谁来看车前不在网上了解车子的基本情况啊！买车关键买的是放心和满意。”

2. 交车

1）基本资料交接准确及时。

2）销售顾问介绍售后服务人员。

3）强调保险使用方法，强调客户出险时要第一时间联系专营店，并将救援电话输入客户手机中。

4）销售顾问与服务人员一起，说明车辆的保修政策和保养要求。

5）车辆性能和使用情况的准确介绍。

6）邀请销售经理或主管、客户、服务人员，与客户的新车一起拍照片。

7）交车后，销售顾问邀请客户确认并在“交车说明确认表”上确认并签字。

8）临别前使用关怀话术，例如，回家后一定给我回个电话或短信，要不我不放心。

9）交车后三天内，销售顾问对交车客户进行回访：感谢客户，询问车辆使用情况并记录客户疑问。

案 例

张先生是一名银行职员，他新婚不久的太太是一名中学老师。家里原有一台车，一直是张先生负责接送太太上下班。但最近太太的学校搬了新校址，路程很远，于是张先生决定再为太太买一台车。

销售顾问在核对客户信息时发现，交车的日子刚好是张太太的生日。于是他们决定给客户一个惊喜。在张先生带着张太太提车完毕正准备开回家时，销售顾问对张太太说：“张太太，今天是您的生日，张先生真的很爱您，送了您一台车。为了表示对二位的祝福，我们也准备了一份小礼物，麻烦您打开车的行李舱。”

当张太太好奇地打开行李舱时，只见五颜六色的氢气球从行李舱飞了出来，一派温馨浪漫的景象。这一场景让张太太甚是感动，而张先生也很有面子。

此后不到三个月，张先生和张太太就为该4S店成功介绍了5位新客户。

3. 维修

1）保证车辆维修完好，力求返工为0。

2）保证维修完成及时交车，力求延时为0。

3）保证维修车辆整洁，力求洗车干净，车内整洁，音响、空调关闭等。

4）维修车辆及时接待，根据每天、每周的高峰期和低谷期，调整预约安排。

5）整洁舒适的客户休息区。

6）丰富多彩的客户活动。

案例

某品牌4S店规定，客户开车来维修与保养，必须记下客户的车牌号码、客户的姓名及其休息时选择饮料的喜好。在下一次客户来店时，通过车牌号码便要准确叫出客户的尊称，并为客户提供个性化的服务。此项规定的出台，增强了客户被关心的感觉，大大提升了客户的满意度。

客户希望被关心、被重视，于是该4S店又将规定进一步升级。要求销售及服务部门针对搭出租车来店的客户也要记下车牌号码，并在客户进店时对客户说："某某先生/小姐，刚才我看您是搭出租车来店的，我们帮您记下了出租车的车牌号码，如果您不小心有什么贵重物品丢失在出租车上，我们可以帮您出具证据。"

客户真正丢失物品的情况鲜有发生，但这样的一段话，足以让客户感受到4S店对他们的关心，进而加以信任。

提升客户满意度的方法多种多样。不管是留意客户的喜好还是记下车牌号，不管是制造浪漫的场景还是为客户盖上一个车罩，其实核心都是超越客户的期望值。真正做到关怀客户，想客户所想，甚至想到客户所想不到的，自然就会赢得客户的好感、感动和信任，最终提升4S店的利润。

第二篇

PART

业务管理

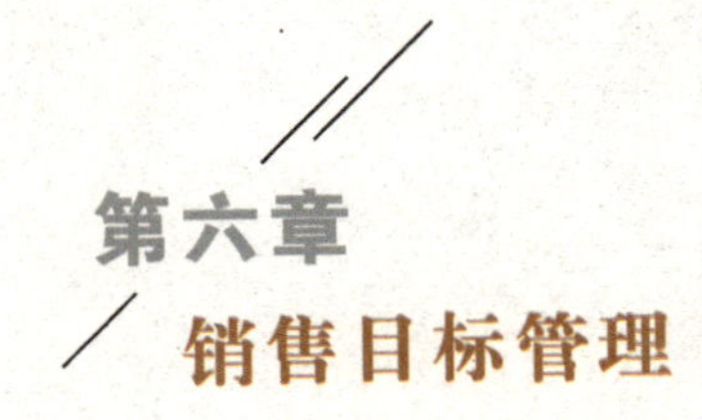

第六章 销售目标管理

第一节　汽车 4S 店目标管理的原则

“目标管理”的概念是管理专家彼得·德鲁克 1954 年在其名著《管理的实践》中最先提出的，其后他又提出“目标管理和自我控制”的主张。德鲁克认为，并不是有了工作才有目标，而是相反，有了目标才能确定工作。“企业的使命和任务，必须转化为目标”，如果一个领域没有目标，这个领域的工作就必然会被忽视。

因此，管理者应该对下级进行目标管理，汽车 4S 店的高层管理者确定了组织目标后，必须对其进行有效分解，转变成各个部门以及各个人的分目标，管理者根据分目标的完成情况对下级进行考核、评价和奖惩。

目标管理的具体形式各种各样，但其基本内容是一样的。所谓目标管理，乃是一种程序或过程，它使组织中的上级和下级一起协商，根据组织的使命确定一定时期内组织的总目标，由此决定上下级的责任和分目标，并把这些目标作为组织经营的标准，以及评估和奖励每个单位和个人贡献的标准。

一、目标管理的特点

目标管理的指导思想是：在目标明确的条件下，人们能够对自己负责。目标管理与传统管理的共同要素：明确目标、参与决策、规定期限、反馈绩效。它与传统管理方式相比有鲜明的特点，可概括为：

1. 重视人的因素

目标管理是一种参与的、民主的、自我控制的管理制度，也是一种把个人需求与组织目标结合起来的管理制度。在这一制度下，上级与下级的关系是平等、尊重、依赖、支持，下级在承诺目标和被授权之后是自觉、自主和自治的。

2. 建立目标锁链与目标体系

目标管理通过专门设计的过程，将组织的整体目标逐级分解，转换为各单位、各员工的分目标。从组织目标到经营单位目标，再到部门目标，最后到个人目标。

在目标分解过程中，权、责、利三者已经明确，而且相互对称。这些目标方向一致、环环相扣、相互配合，形成协调统一的目标体系。只有每个员工完成了自己的分目标，整个企业的总目标才有完成的希望。

3. 重视成果

目标管理以制订目标为起点，以目标完成情况的考核为终结。工作成果是评定目标完成程度的标准，也是人事考核和奖评的依据，是评价管理工作绩效的唯一标志。

目标表示最后结果，而总目标需要由子目标来支持。这样，组织及其各层次的目标就形成了一个目标网络。

二、常见的目标管理方法

常见的目标管理方法分为以下几种类型：

1. 业绩主导型目标管理和过程主导型目标管理

这是依据是否规定了目标的实现过程来区分的。目标管理的最终目的在于业绩，所以从根本上说，目标管理也称业绩管理。其实，任何管理的目的都是要提高业绩。

2. 组织目标管理和岗位目标管理

这是依据目标的最终承担主体来分的。组织目标管理是一种在组织中自上而下系统设立和开展目标，从高层到低层逐渐具体化，并对组织活动进行调节和控制，谋求高效地实现目标的管理方法。

3. 成果目标管理和方针目标管理

这是依据目标的细分程度来分的。成果目标管理是以组织追求的最终成果的量化指标为中心的目标管理方法。

第二节　汽车4S店目标管理的方法

目标管理是一种程序或过程，它需要组织中的上级和下级一起协商，根据组织的使命确定一定时期内组织的总目标，由此决定上下级的责任和分目标，并把这些目标作为组织经营的标准，评估和奖励每个部门和个人贡献的标准。

目标的制订，既不能由上级“拍脑袋”决定，也不能由下级空喊口号。目标既要能达到，又需要有一定的挑战性。因此，制订目标时，最好先由下级提出分目标，上级累加下级的分目标后，再根据总目标进行调整。如果下级提出的目标过低，可以再做激励；如果下级提出的目标完成有难度，可以适当帮其降低目标。

目标管理是以相信人的积极性和能力为基础的，4S店的各级管理者对下属人员的管理，不是简单地依靠行政命令强迫他们去干，而是运用激励理论，引导员工自己制订工作目标，自主进行自我控制，自觉采取措施完成目标，自动进行自我评价。

一、目标管理五大方法

要做好目标管理，4S店管理者必须很好地领会和理解目标管理的五大方法。

1. 目标要有层次性

组织目标需要形成一个有层次的体系，其范围从广泛的组织战略性目标到特定的个人目标。在任何情况下，组织的使命和任务必须要转化为组织的总目标和战略；而总目标和战略更多地指向组织较远的未来，并且为组织的未来提供行动框架。这些行动框架必须要进一步地细化为更多具体的行动目标和行动方案，所以在目标体系的基层，有分公司目标、部门目标、个人目标等。

2. 目标要有多样性

企业的主要目标通常是多种多样的。目标层次体系中每个层次中的具体目标也可能是多种多样的。但需要注意，如果目标过多，其中无论哪一个都没有得到足够的关注，那么计划工作就是无效的。因此，在考虑追求多个目标的同时，必须对各目标的相对重要程度进行区分。

3. 目标要有可考核性

目标考核的途径是将目标量化。目标量化会给组织活动的控制、成员的奖惩带来更多的方便。

比如，“让销售经理获取合理的利润目标”，这看似可以很好地指出公司是盈利还是亏损，但并不能说明应该取得多少利润。因为在不同人的思想里，是否“合理”的判断依据是不同的，对于下级员工是合理的东西，可能完全不被上级领导接受。如果意见不合，下级员工一般无法争辩。如果将目标明确地定量为“在本年度最终实现利润率10%”，那么它对“多少、什么、何时?”就都做出了明确回答。

4. 目标要有可完成性

人们在工作中的积极性或努力程度（激发力量）是效价和期望值的乘积。其中，效价是指一个人对某项工作及其结果（可实现的目标）能够给自己带来满足程度的评价，即对工作目标有用性（价值）的评价。期望值指人们对自己能够顺利完成这项工作可能性的估计，即对工作目标能够实现概率的估计。

因此，一个目标对其完成者如果要产生激发作用的话，那么对于完成者来说，这个目标就必须是可接受的、可以完成的。对目标完成者来说，如果目标是超过其能力所及范围的，那么该目标对其就是没有激励作用的。

5. 目标要有挑战性

如果一项工作完成所达的目的对接受者没有多大意义的话，接受者就没有动力去完成该项工作；如果一项工作很容易完成，对接受者来说是一件轻而易举的事，那么接受者就没有动力去完成该项工作。我们通常说的“跳一跳，摘桃子”，说的就是在设置目标时要让目标接受者既能达到又感到有一定的挑战性。

目标的可接受性和挑战性是对立统一的关系，但在实际工作中我们必须把它们统一起来。

二、4S店管理目标分解

目标管理的基本原则可总结为“以终为始”。目标的制订需要从终极出发，再自上而下依次进行分解。汽车4S店的目标管理同样是自上而下的分解，常见的4S店管理目标分解有以下方式，如图6-1所示。

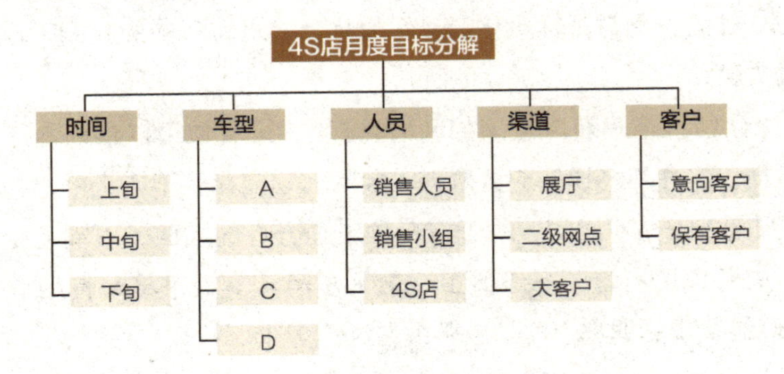

图6-1 4S店销售目标月度分解图

1. 以时间为目标分解维度

先制订月度销量的总目标，再分解到每月的上、中、下旬。

2. 以车型为目标分解维度

先制订月度销量的总目标，再根据不同车型的销量，制订各车型的销售目标。

3. 以人员为目标分解维度

先制订月度销量的总目标，再按各店、各销售小组和销售顾问个人进行分解。

4. 以渠道为目标分解维度

先制订月度销量的总目标，再按展厅、二级网点、大客户、外展、互联网等不同渠道分解销售目标。

5. 以客户为目标分解维度

先制订月度销量的总目标，再根据新增意向客户、留存意向客户、保有客户介绍等客户类型进行分解。

三、4S 店目标管理体系要解决的八个问题

一个优秀的汽车 4S 店的目标管理体系要解决好以下八个问题：

1. 目标是什么

实现目标的中心问题和项目名称。

2. 达到什么程度

达到的质、量和状态。

3. 谁来完成目标

负责人与参与人。

4. 何时完成目标

期限、预先制订计划表、日程表。

5. 怎么办

应采取的措施、手段和方法。

6. 如何保证

应给予的资源配备和授权。

7. 是否达成了既定目标

对成果的检查和评价。

8. 如何对待完成情况

与奖惩安排挂钩，进入下一轮目标管理循环。

四、4S 店目标管理的三个阶段

汽车 4S 店目标管理分三个阶段：

1. 第一阶段，为目标的设置阶段

① 第一步，理解公司的整体目标是什么。

② 第二步，制订符合层次性、多样性、考核性、接受性、挑战性五大原则的目标。

③ 第三步，检验目标是否与上司的目标一致。

④ 第四步，确认可能碰到的问题，以及完成目标所需的资源。

⑤ 第五步，列出实现目标所需的技能和授权。

⑥ 第六步，制订目标的时候，一定要和相关部门提前沟通。

⑦ 第七步，防止目标滞留在中层而不再向下分解。

2. 第二阶段，为实现目标过程的管理阶段

目标管理重视结果，强调自主、自治和自觉，但并不等于领导可以放手不管。相反，由于形成了目标体系，一环失误，就会牵动全局。

因此，领导在目标实施过程中的管理是必不可少的：首先，要进行定期检查，利用双方经常接触的机会和信息反馈渠道自然地进行；其次，要向下级通报进度，便于互相协调；再次，要帮助下级解决工作中出现的问题，当出现意外、不可测的事件严重影响组织目标实现时，也可以通过一定的手续修改原定的目标。

3. 第三阶段，为测定与评价所取得的成果阶段

达到预定的期限后，下级首先进行自我评估，提交书面报告；然后上下级一起考核目标完成情况，决定奖惩；同时讨论下一阶段目标，开始新循环。如果目标没有完成，应分析原因、总结教训，切忌相互指责，以保持相互信任的气氛。

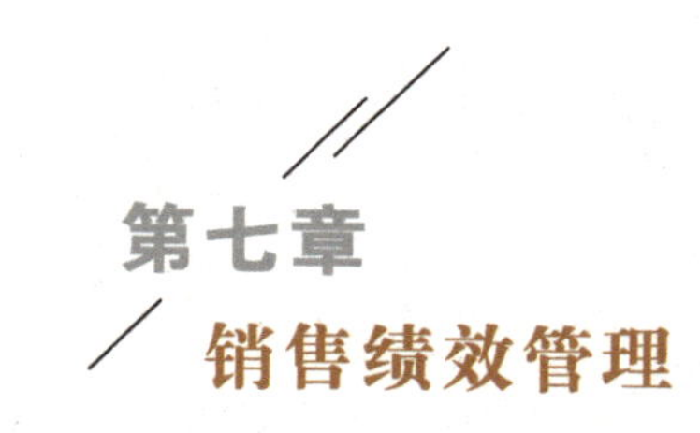

第七章 销售绩效管理

第一节　汽车4S店销售绩效管控方法

绩效是评价工作成果的重要指标。“绩”是指结果的评估指标，“效”指的是过程评估指标。在做销售绩效管理时，管理者既要关注结果，又要关注过程。

对于汽车销售而言，结果自然就是最终的销量，但要完成最终的销量，必须要抓住销售环节中关键的几个管控指标。只要把这些指标管控好，过滤出来的客户质量自然也就提升了，销量自然也就增长了。

汽车销售中常用的绩效管控指标主要有以下八项：

1. 来店接待率

来店接待率统计，如图7－1所示。

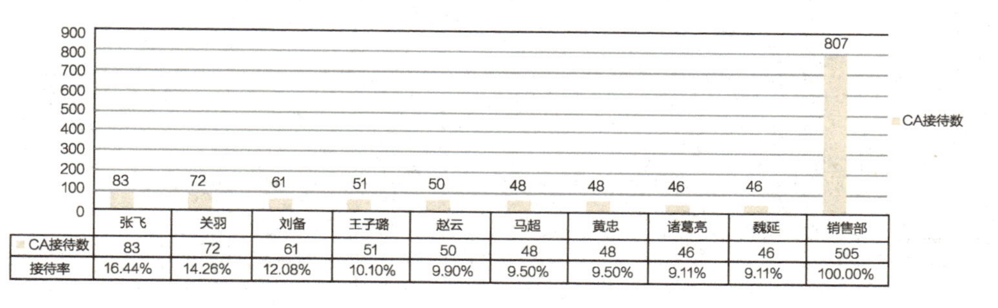

	张飞	关羽	刘备	王子璐	赵云	马超	黄忠	诸葛亮	魏延	销售部
CA接待数	83	72	61	51	50	48	48	46	46	505
接待率	16.44%	14.26%	12.08%	10.10%	9.90%	9.50%	9.50%	9.11%	9.11%	100.00%

图7－1　来店接待率统计图

注：CA指销售顾问。

来店接待率是指单一销售顾问接待客户数占总来店客户数量的百分比。比如，3月份王子璐的来店接待率＝（3月份王子璐接待客户数/3月份总来店量）×

100%。来店接待率越高，说明销售顾问越勤奋。依据来店接待率的统计数据，可以安排调整销售顾问的值班和休假。

2. 平均接待时间

平均接待时间统计，如图7－2所示。

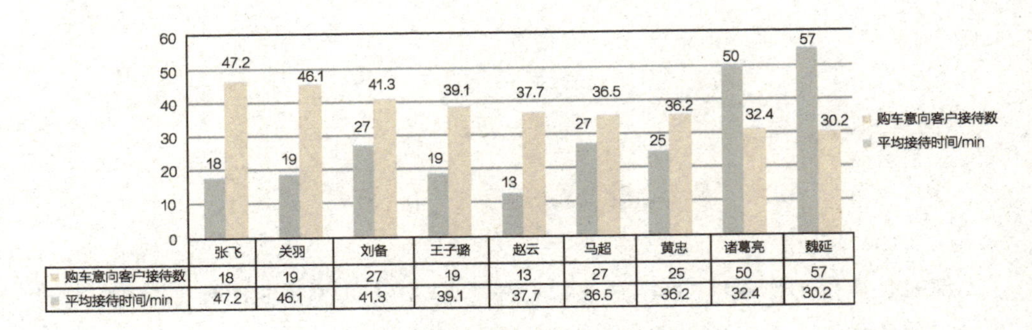

	张飞	关羽	刘备	王子璐	赵云	马超	黄忠	诸葛亮	魏延
购车意向客户接待数	18	19	27	19	13	27	25	50	57
平均接待时间/min	47.2	46.1	41.3	39.1	37.7	36.5	36.2	32.4	30.2

图7－2　平均接待时间统计图

平均接待时间是指销售顾问接待客户的平均时长，平均接待时间越长，说明销售顾问把握客户的能力越强，接待客户的质量越高。

3. 留档率

销售顾问接待客户资料留档率统计，如图7－3所示。

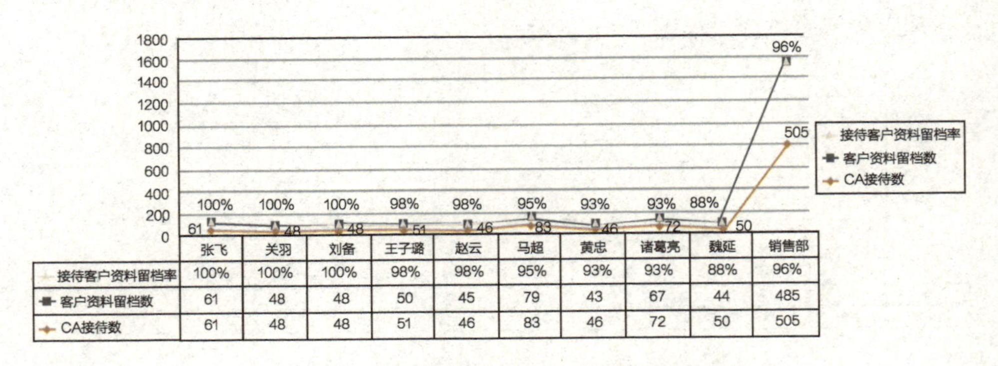

	张飞	关羽	刘备	王子璐	赵云	马超	黄忠	诸葛亮	魏延	销售部
接待客户资料留档率	100%	100%	100%	98%	98%	95%	93%	93%	88%	96%
客户资料留档数	61	48	48	50	45	79	43	67	44	485
CA接待数	61	48	48	51	46	83	46	72	50	505

图7－3　销售顾问接待客户资料留档率统计图

留档率是指销售顾问接待的客户中，被判断为意向客户并录入系统或存档的客户所占的比例。留档率越高，说明来店客户的质量越高。

4. 意向客户级别比率

意向客户级别比率统计，如图7-4所示。

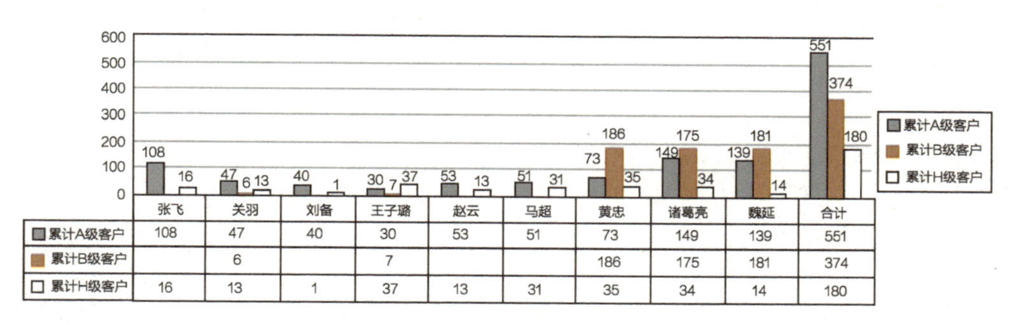

	张飞	关羽	刘备	王子璐	赵云	马超	黄忠	诸葛亮	魏延	合计
累计A级客户	108	47	40	30	53	51	73	149	139	551
累计B级客户		6		7			186	175	181	374
累计H级客户	16	13	1	37	13	31	35	34	14	180

图7-4　意向客户级别比率统计图

意向客户级别比率是指销售顾问接待的意向客户中H级、A级、B级分别所占的比例。意向客户级别的比率统计，可以有效帮助销售主管掌握现有的客户资源状况。

5. 试乘试驾率

试乘试驾率统计，见表7-1。

表7-1　试乘试驾率

2013年7月份试乘试驾率			
销售顾问	新增意向客户	客户试乘试驾数	试乘试驾率（%）
张飞	33	0	0.00
关羽	57	31	54.39
刘备	103	48	46.60
王子璐	61	2	3.28
赵云	61	30	49.18
马超	83	0	0.00
黄忠	64	35	54.69
诸葛亮	68	45	66.18
魏延	37	9	24.32
销售部	567	200	35.27

试乘试驾率是指销售顾问接待客户中参与试乘试驾体验人数的比例。试乘试驾率越高，说明客户质量越高，销售顾问销售流程与销售标准执行得越好。

6. 订单成交率

订单成交率统计，如图7－5所示。

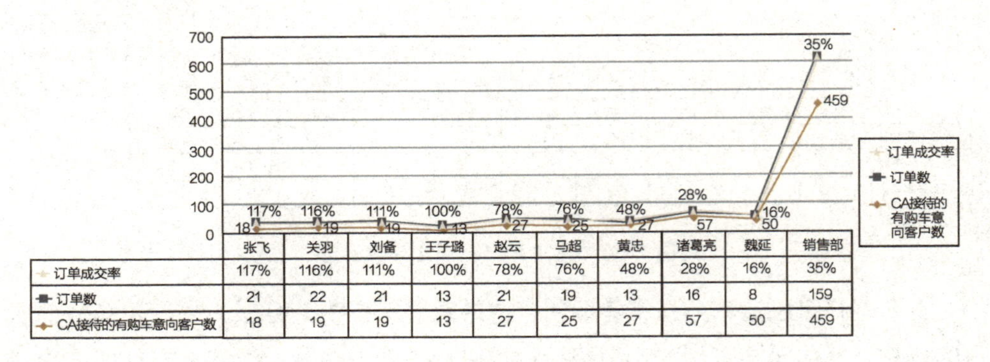

	张飞	关羽	刘备	王子璐	赵云	马超	黄忠	诸葛亮	魏延	销售部
订单成交率	117%	116%	111%	100%	78%	76%	48%	28%	16%	35%
订单数	21	22	21	13	21	19	13	16	8	159
CA接待的有购车意向客户数	18	19	19	13	27	25	27	57	50	459

图7－5 订单成交率统计图

订单成交率是指销售顾问接待的意向客户中成交的比率。订单成交率越高，说明销售顾问的销售技能越强。但需要说明的是，如果订单成交率高于100%，则有可能是因为销售顾问判断意向客户不准确，或未能完整录入资料。

7. 战败率

战败率统计，如图7－6所示。

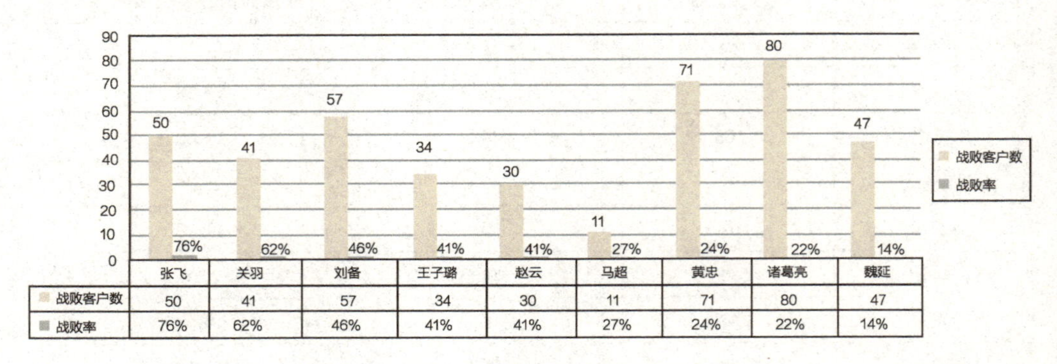

	张飞	关羽	刘备	王子璐	赵云	马超	黄忠	诸葛亮	魏延
战败客户数	50	41	57	34	30	11	71	80	47
战败率	76%	62%	46%	41%	41%	27%	24%	22%	14%

图7－6 战败率统计图

战败率是指销售顾问接待的未成交客户所占意向客户总数的比例。战败率越低，说明销售顾问把握客户的能力越强。

8. 订单目标达成率

订单目标达成率统计，如图 7－7 所示。

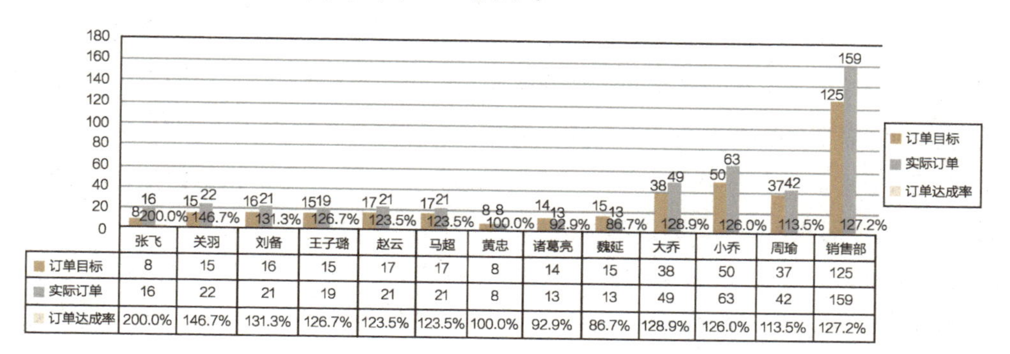

	张飞	关羽	刘备	王子璐	赵云	马超	黄忠	诸葛亮	魏延	大乔	小乔	周瑜	销售部
订单目标	8	15	16	15	17	17	8	14	15	38	50	37	125
实际订单	16	22	21	19	21	21	8	13	13	49	63	42	159
订单达成率	200.0%	146.7%	131.3%	126.7%	123.5%	123.5%	100.0%	92.9%	86.7%	128.9%	126.0%	113.5%	127.2%

图 7－7　订单目标达成率统计图

订单目标达成率是指销售顾问实际订单数量与目标订单数量之间的比例。

第二节　汽车 4S 店销售绩效制订方法

绩效政策是指 4S 店对销售人员采取的薪酬绩效激励政策和措施。绩效政策并不是一成不变的，而是随着市场的变化、库存的变化、意向客户的变化、销售目标的调整而变化，及时调整对内绩效政策，可以有效达到激励销售顾问、清理库存、提高成交率的作用。

不同的绩效政策起到不同的促进作用，处于不同的阶段和为了不同的目标，4S 店可以采用不同的绩效政策，以达到调整目标、提高成交率的作用。

4S 店常用的内部绩效政策主要有以下几种：

1. 台次提成

台次提成指的是用销售顾问的销量总数乘以单辆销售提成额。比如，销售 1 辆车提成额为 500 元，那么销售 10 辆车则提成 5000 元。

台次提成是最基本的绩效政策，能够公平有效地衡量销售顾问的销售业绩，树立了多劳多得的绩效目标。

2. 目标提成

目标提成指的是在一个周期开始前（一般为一个月），为销售顾问设立一个销售目标及目标提成额，周期结束后根据销售目标的达成率计算实际提成额。比如，月初为一名销售顾问设定目标为销售10台次，目标提成额为5000元。如果销售顾问到月底的销量刚好为10台，则收入100%的提成额，即5000元；如果销售顾问的销量为8台，则收入80%的提成额，即4000元；如果销售顾问的销量为12台，则收入120%的提成额，即6000元。

目标提成的绩效政策主要用于实现管理者销售总目标的有效达成。在使用目标提成时，管理者可根据实际需要调整目标管理系数。常见的管理系数包括：

（1）平方系数

比如，原目标提成的公式为“实际提成额 = 目标提成额 × 达成率”，那么假如在达成率上加一个平方变为“实际提成额 = 目标提成额 × 达成率^2”，这样可以发现，当销售顾问完成80%的销量时，他的提成数则从80%降低到了64%；若销售顾问完成了120%的销量，他的提成数则从120%上升至144%。这一绩效政策可以促进销售顾问产生挑战更大的销售目标的欲望。

（2）封顶系数

管理者可以在特殊时期根据成本对提成的最高额度设置“封顶”。这样的措施可以有效控制4S店的工资成本，但不利于提升销售顾问积极性。

（3）保底系数

管理者可以在特殊时期根据基本福利对提成的最低额度给予“保底”。这样的措施可以在特殊时期有效地“稳定军心”，但也容易降低销售顾问追求目标的热情。

（4）不保底系数

比如，管理者在设立目标时规定，目标完成率低于80%则扣除全部提成额。这样的措施可以有效控制那些“得过且过”的销售顾问，帮助管理者更好地实现总目标。但使用时，一定要考虑到销售顾问的最低生活保障和劳动成本付出比例，否则容易使销售顾问产生抵触情绪。

3. 车型提成

车型提成指的是根据不同的车型给予不同的提成额度。比如，A 车型提成为单台 300 元，B 车型提成为单台 500 元。

车型提成的绩效政策主要用于库存车型的促销。提高目标车型的单台提成额度，可以有效激发销售顾问对该车型销售的重视程度。

4. 价格提成

价格提成指的是根据销售顾问销售某台车的最终价格及优惠幅度给予不同的提车额度。比如，A 车型的指导价为 259800 元，最高可让利 5000 元，如果销售顾问按最高让利 5000 元，即 254800 元销售，其基础提成为 500 元，价格提成则为 0 元。但如果销售顾问的最终销售让利小于最高让利，则可额外获得 10% 的价格提成。假设其最终让利 4000 元即按 255800 元销售，其基础提成为 500 元，价格提成则为 1000 元 × 10% = 100 元，总提成为 500 元 + 100 元 = 600 元。假设其最终按指导价 259800 元销售，其基础提成为 500 元，价格提成则为 5000 元 × 10% = 500 元，总提成为 500 元 + 500 元 = 1000 元。

价格提成的绩效政策主要用于鼓励销售顾问坚守价格，起到有效控制市场、防止让利过大的作用。在使用价格提成政策的时候，一定要给予销售顾问足够有吸引力的提成额度。如果价格提成额度过低，销售顾问在与客户协商的过程中便没有足够的动力去花费大量时间和精力成本坚守价格。

5. 阶梯提成

阶梯提成指的是随着销售台次的提升，不断增加单台提成额度。

按某车型提成政策，销售顾问完成三台次销量和四台次销量的收入将相差 1300 元，完成五台次销量和六台次销量的收入将相差 1900 元。

采用阶梯提成的绩效政策，在销售顾问完成一定台次的销售量时，必然会对其产生一个向更高销量冲击的动力。

销售阶梯提成方案示例见表 7 - 2。

表7－2 销售阶梯提成方案示例表

提成政策	3台以内	4~5台	6~7台	
单台提成	500元	700元	900元	
销售台次	3台	4台	5台	6台
销售收入	1500元	2800元	3500元	5400元

6. 促销提成

促销提成指的是针对某台或某款促销车，加大其提成额度。比如，原本一台车的提成额度是500元，但针对某台促销车，将其提成额度提升至1000元，甚至2000元。

促销提成可以大大刺激销售顾问对指定车型的销售积极性，在清理库存时起到重要的作用。当一台库存车需要清仓的时候，4S店主要的促销方法就是促销提成。

试想下，一台售价在20多万元的车让利1000元或2000元，客户的感觉并不明显，但这对于销售顾问来说，也许是其三分之一个月甚至半个月的收入，用来刺激他们就会非常有效果。

促销提成就是拿出一部分利润用来激励销售顾问，以达到快速有效地清理库存的作用。

案例

王子璐是某品牌汽车4S店的一名总经理，该经销商今年上半年从主机厂提车量较大，因此出现了一些滞销的库存车。为了尽快清理库存，下半年开始，王子璐在展厅开展每周销售一台特价车的促销活动，针对库存时间较长的车辆进行重点促销。

对于促销车型的销售工作，在员工的绩效方面，除了基本台次提成外，王子璐还会在每周一的例会上开展一次额外奖励活动。作为总经理，王子璐个人提供200元奖金，并要求销售经理提供100元，两名销售主管各提供50元，20名销售顾问各提供20元，总计800元作为奖金放入奖池，如哪位销售顾问能够在本周内成功销售本台特价车，就可额外获得这800元的奖励。如本台车本周内未能实现销售，奖池内的奖金将累积到下周，那么下周奖池内的奖金就会翻倍，依次类推。

对于销售顾问而言，每周提供20元的个人奖金并不算多，但人多力量大——大家一起提供了800元奖金。800元的额外奖励对于销售顾问来说就是一个不小的诱惑了，所以在促销提成政策实施期间，销售顾问对特价车辆的销售特别卖力、争先恐后。没过多久，该店内的滞销库存车就清空了。

7. 挂钩提成

挂钩提成指的是将多种提成方法组合而成一套整体的提成方案。比如，将台次提成与目标提成结合起来共同实施，或是将整车销量与保险、二手车、精品销售额提成相结合等。

通常，4S店在制定绩效政策时都不会仅仅采用单一的提成政策，挂钩提成是最常使用的提成方法，但在使用挂钩提成时要特别注意如下问题：

① 在总体销量偏低的情况下，不宜将台次提成和目标提成挂钩，否则容易出现由于无法完成目标而打击销售顾问积极性的情况。

② 整车库存压力较大时，不宜将整车销售提成与精品、保险等销售提成挂钩。整车库存大时，4S店的首要目标是整车销售，降低库存。如果再加大精品、保险等产品的销售压力，就会使得销售顾问顾此失彼。

③ 阶梯提成与台次提成挂钩，不宜在连续销售周期内使用，否则销售顾问有可能为提升阶梯而有意延迟交车。

案例

某4S店近来整车库存量较大，但整车销售量却不尽如人意。销售经理王子璐对比了销售顾问的销售数据发现，销售顾问近期的整车销售台次非常平均，普遍集中在6~8台。王子璐找来一些销售顾问了解情况，得到的答案让他大吃一惊。

原来，展厅近来对金融保险产品和汽车精品销售业绩的考核非常严格：绩效政策规定，每月新车投保率和加装精品率必须达到整车销量的80%，如不达标，将扣除全部的保险和精品的利润提成。这是一个台次提成+保险提成+精品提成+目标提成（不保底系数）的挂钩组合。

但由于近来企业电话车险的业务非常火爆，对4S店的车险销售造成了一定的冲击，每人每月保险销售台次平均为5～6台。根据绩效政策，销售顾问经过计算发现，要维持保险和精品的提成达成，每月的销量在6～8台次最为合适，如销量达到了9台以上，虽然台次的提成就会得到增加，但由于投保率达不到80%，扣除的相应提成就会更多。于是销售顾问开始控制销量，有意延迟交车。

了解情况后，王子璐立即与人事部门沟通，取消了投保率和精品加装率的挂钩提成，销售顾问的整车销售积极性得到了提升，库存数量很快就降了下来。

在制订挂钩提成绩效政策时一定要谨慎，由于指标过多，要根据不同时期、不同目标、不同市场形势及时调整，切勿顾此失彼，影响整体销售状况。

第八章 销售例会管理

4S 店的例会分为每日的晨会和夕会。晨会的主要作用是鼓舞士气、布置工作，夕会的主要作用是工作总结、分享经验。

第一节　汽车 4S 店销售晨会的管理

一、晨会的目的

1. 营造工作气氛

上班刚刚开始时，员工难免思想松弛、注意力不集中，因此晨会的首要目的就是要使部门全体员工的身体和精神都快速进入工作状态，蕴酿适度的工作紧张感。

2. 进行工作安排

晨会要安排当天的工作，主要包括工作任务、工作目标、人员调配、注意事项等。销售主管应通过明确、具体的工作指示，使当天工作能够有序地进行下去。

二、晨会的内容

1. 确认出勤

通过在晨会上点名可以确认出勤状况，哪些同事到了，哪些同事没有到，一目了然。

2. 齐唱歌曲、朗读经营理念

可以根据企业的要求，由晨会的主持人员领唱歌曲，领读企业经营理念。销售主管可以根据阶段性工作的重点设计相关的内容，由晨会的主持人领读。

3. 工作安排

销售主管在现场布置工作时，要做到清楚明确，不要含糊其辞造成混淆；讲到具体员工的工作安排时要注视对方，确认对方的反应，确保对方理解到位。

4. 交代特别注意事项

晨会结束之前，要问一句："请问大家还有没有其他补充?"如果有，就请他补充说明一下，这样可以避免该通知的没通知、该提醒的没提醒；如果没有，即可宣布晨会结束。

三、成功晨会的三大要点

1. 充分准备

事先要精心策划，晨会的主题、流程、主持人、所需时间、主要内容等都要提前策划。

2. 不搞"一言堂"

晨会要充分调动员工参与的积极性，不搞"一言堂"。不要每次晨会都是销售主管一个人从头讲到尾，员工没有插话的机会，好像局外人一样。

3. 多鼓励，不批评

晨会是起鼓舞士气作用的，切记不可在晨会上批评人，而要多鼓励员工。试想，如果每次晨会上员工听到的都是领导的批评，而没有一句鼓励的话，员工是什么心情？这样一来，晨会就起不到激励的作用，反而会造成打击员工自信的消极影响。

第二节　汽车4S店销售夕会的管理

一、夕会的目的

1. 一天工作的总结

夕会是上传下达的重要途径。销售主管可以利用夕会总结一天的工作，向员工传递行业方向、企业动态、业务信息、管理要求等必要的企业信息，使员工的个人工作目标和企业经营目标达到一致。

2. 员工教育指导

夕会是召开频率最高、参与人员最广的日常工作会议。当天出现的问题，今后要注意的事项，销售主管都可以利用夕会提出来并对员工进行指导和教育，持之以恒，不仅能提高员工的工作热情，还能培养良好的学习风气。

二、夕会的内容

1. 工作总结

销售主管首先要对一天的工作进行总结，包括业绩完成情况、目标达成情况、异常和事故、工作上的变化点。

2. 分享个人销售案例及感想

由当天有订单成交的员工分享个人的成功案例及感想，比如个人的工作经验、心得体会、自我反省、工作建议。

3. 传达企业的相关信息

根据不同阶段的实际情况，在必要的时候销售主管应向员工传递企业的相关信息，使员工了解公司大局，更好地理解和接受工作要求。比如，市场行业动态、顾客要求、企业经营情况和发展方向、正在和即将展开的活动。

三、成功夕会的三大要点

1. 控制好时间

经过一天的紧张工作，大家已经非常疲惫了，如果夕会的时间过长，员工们就会心不在焉，甚至产生抵触情绪。有些销售主管每到进行工作总结和安排的时候，时间就容易控制不好，长篇大论、侃侃而谈只会让员工们觉得乏味。一般来说，夕会的时间控制在20～30分钟为宜。

2. 促进员工间的分享

夕会可以促进员工间的分享，而员工之间的分享是一个提升荣誉感的很好机会。做得好的员工会觉得这是荣誉，做得不太好的员工则会受到激励。

3. 邀请员工自由发言

每次夕会都要保留一些时间让员工自由发言和提建议。对于员工的发言一定要以积极的态度回应，而不要每次都否决。对于一些合理的要求，要想办法解决，而不是一味地推拖，管理者不能总是从自己的角度出发来看待问题。

第九章 车辆管理

第一节 汽车4S店展车的管理

展车管理是为了让客户在看车、选车时能更容易被我们的车辆的优势所吸引，更好地引导客户做出选择。因此，展车管理主要注意以下三个方面：

一、展车选择

1）展车的颜色不能过于单一。

2）展车尽量不要选择深色系。

3）展厅中，展车的颜色不宜过多。

4）选择品牌广告主打色的车作为展车。

5）选择畅销配置车作为展车。

6）选择库存较多的颜色和配置的车作为展车。

二、展车布局

1）展厅进门显眼的位置尽量摆放当季主推车型。

2）库存量较大的车型摆放在显眼的位置。

3）促销车型、特价车型区域要让客户一目了然。

4）轿车、SUV、MPV、跑车等不同类型的车分不同区域摆放。

5）车辆布局遵循从外到内、从小到大的原则。

6）车辆的摆放布局方便车辆移动与进出展厅。

三、展车5S

1. 展厅部分

1）展车前后均有车牌（前后牌），展示车辆名称、型号。

2）展车旁的价格配置表整洁，并且是展示最新市场指导价格。

3）展车旁放置相应的展示工具，如展板、POP（卖点海报）等。

2. 展车外观

1）保持展车全车洁净，漆面清洁，没有水痕、手印等污渍。

2）展车格栅保持清洁，镀铬部位（前格栅、门把手、装饰条等）保持清洁光亮。

3）展车轮胎要保持光亮，轮胎蜡均匀适度。

4）轮毂中央车标摆正，轮胎下放置轮胎垫，轮胎垫整洁。

5）排气管上没有污渍，管内清洁。

3. 展车内部

1）展车不要上锁，车窗关闭，配备天窗的车型则打开遮阳内饰板，钥匙不允许在车内。

2）展车内座椅、饰板等的塑胶保护膜应全部去除，真皮座椅应保持清洁。

3）展车内放置精品脚垫，脚垫应大小合适、保持清洁。

4）车行李舱中备胎、工具、千斤顶等工具齐全，清洁无杂物。

5）展车方向盘调整至较高位置，座椅头枕调整至最低位置，驾驶座座椅向后调，椅背与椅垫成105度角，副驾驶座椅靠背的角度应保持一致。

6）展车的时钟与音响系统预先设定，选择信号清晰的电台，并准备3组不同风格的音乐光盘备用。

7）仪表盘整洁，各操作按钮保持正常状态，洁净无污渍。

8）保持展车内储物空间清洁，无杂物。

4. 发动机舱

1）发动机舱洁净，不允许残留擦车布或者工具等异物，保持发动机罩里侧清洁。

2）发动机舱盖内部干净整洁，无水印或泥点。

展车5S检核要求见表9-1。

表9-1　展车5S检核表

序号	检查项目	展车				
		A	B	C	D	E
1	展车摆放					
2	性能价格介绍牌					
3	展车外表					
4	标志					
5	车窗					
6	行李舱和车门					
7	附件					
8	方向盘					
9	座椅					
10	收音机和CD、时钟					
11	展车三件套					
12	车内装潢					
13	蓄电池、胎压					
14	油漆保护膜					
15	展车数量					

第二节　汽车4S店试乘试驾车的管理

试乘试驾车管理关系着客户在试乘试驾时的感受，而良好的试乘试驾体验可以促进客户购买成交；相反如果试乘试驾车管理得不好，给客户带来不好的试乘试驾体验，客户的购买信心就会大打折扣。

试乘试驾车管理主要应注意以下几个方面：

一、试乘试驾车的选择

一般来说，每款车型都需要配有一台试乘试驾车，试乘试驾车通常选择该车型中最高配置的车辆。

二、试驾车使用流程

1）试乘试驾车钥匙统一由行政部门管理，如需借用，则填写用车申请表，需由销售经理签字方可使用。用车申请单的内容具体包括：申请日期，申请车牌号，申请使用的部门，申请人姓名、目的地、用途、出发时间、预计归还时间、归还时间及部门经理签字。

2）行政部门的存放钥匙处，设有专门用于放用车申请单的地方，放置使用中的用车申请单。

3）试驾车钥匙不得过夜不还，特殊情况告知销售经理，并必须有销售经理的签字确认。

三、试驾车车况管理

1）试驾车负责人需要每天按照《试乘试驾车5S标准检查细则》的内容进行维护并做登记。

2）在每天的晨会中询问销售顾问试驾车的车辆状况（机器声是否正常、升窗器、各类异响），如发现问题，当天将试驾车送到相关部门进行解决，及时跟踪车辆修理状况。

四、试驾车保养管理

试驾车负责人需及时进行车辆的定期保养，保养情况记录内容见表9－2。

表9－2 试乘试驾车保养情况跟踪表

负责人：

		A	B	C	D	E
	上牌时间					
一保	保养时间					
	保养公里数					
	目前公里数					

（续）

		A	B	C	D	E
二保	保养时间					
	保养公里数					
	目前公里数					
三保	保养时间					
	保养公里数					
	目前公里数					
四保	保养时间					
	保养公里数					
	目前公里数					
五保	保养时间					
	保养公里数					
	目前公里数					
六保	保养时间					
	保养公里数					
	目前公里数					
七保	保养时间					
	保养公里数					
	目前公里数					
八保	保养时间					
	保养公里数					
	目前公里数					

审核人：

注：以上为试驾车保养情况跟踪表，负责人为管理试驾车的人员，审核人为销售部经理。

五、试驾车5S管理

试驾车5S管理方法见表9-3。

表9-3 试乘试驾车5S标准检查细则表

检核人：

日期	车牌号	车身表面、车窗玻璃是否干净	车内、行李舱是否有异物	内饰（座椅、中控台）是否干净	CD机放碟片、收音机存储6个频道	各项配置是否完好（如座椅调节）	是否有足够的玻璃水	油量是否在1/2以上	查看轮胎状况（胎压）	宣传车贴是否粘贴到位	选装件是否正常使用	负责人

六、试驾车违章查处

每周例会的前一天应对各个车辆的交通违法情况进行查核，作为例会其中一项内容进行汇报。若有发生违章的情况，则通过查核“用车申请表”来确认对应的人员，要求其处理车辆违章情况。

试乘试驾车交通违章情况跟踪统计见表9-4。

表9-4 试乘试驾车交通违章情况跟踪统计表

序 号	车牌号	违章时间	处理时间	违章人	负责人

审核人：

注：以上为试驾车交通违章处理情况跟踪表，负责人为管理试驾车的人员，审核人为销售部经理。

七、针对试驾车负责人工作情况的管控

1）试驾车负责人需要在每周的例会中对试驾车状况进行汇报。

2）试驾车负责人需要在次月的前3日向销售经理上交试驾车保养情况报表及当月车辆交通违规处理情况报表，销售经理签字后归档。

第三节　汽车 4S 店库存车的管理

库存的最理想状态是进货量等于销售量，即库存几乎为“零”的状态，如果我们把进销存比作三个水管，最为理想的状态的进销存就是将三个水管等径对接，形成“等径 + 等速”的完全对接。也就是说，进车全部销售，“零”库存状态，这样的情况就是最为理想的进销存情况（见图 9 - 1）。

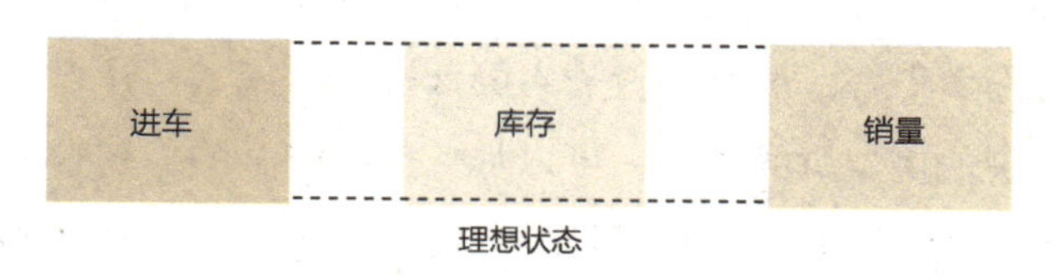

图 9 - 1　进销存理想状态图

但理想终究是理想，现实中的进销存初始状态如图 9 - 2 所示。

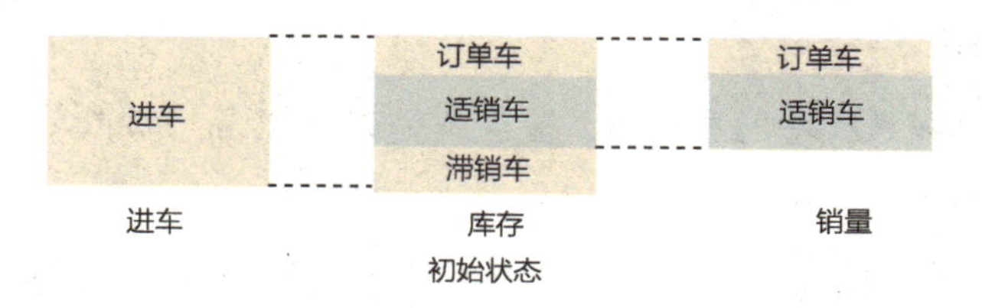

图 9 - 2　进销存初始状态图

从进车后，入库的车型最终会形成三种，分别是为了满足上月订单销量的订单车型、为了完成本月销售任务的适销车型，以及由于市场变化和竞争对手价格影响而滞销的车型，如图 9 - 3 所示。

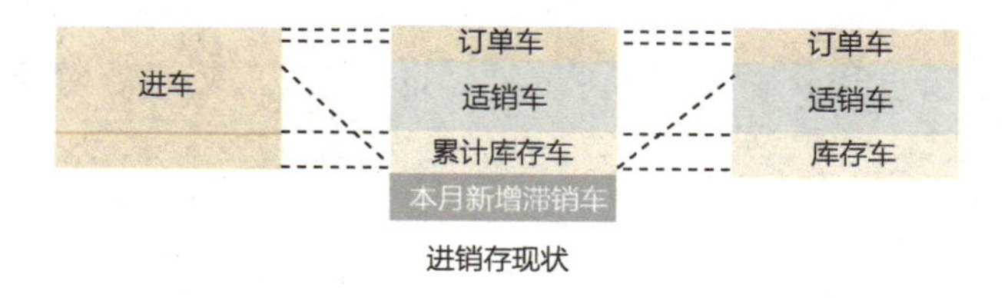

图 9 - 3　进销存现状图

由于上月库存车型占用一部分资金，因此进车时的资金就会相应缺少。在库存车中存在四种状态的车型，分别是满足上月订单的订单车型、本月销售的适销车型、滞销车型和由前几个月遗留下来的库存车型。

而销量是由订单销量、本月库存中的适销车型带来的适销销量和由前面几个月库存遗留车型销售的库存销量组成，所以进销存三者之间是一种不可分割、相互关联的关系。销售经理在注意销量的同时也要考虑进车和库存。

一、库存车管理的重要性

1. 资金角度

进销存的工作做得好，可以为投资人降低资金占用量，让投资人将其余资金投入到其他方面赚取更丰厚的利润；可以加速库存资金的周转速度，降低资金占用成本，进车满足库存需要，库存满足销量需求，降低了库存成本。因此，进销存的工作做得好，不仅能降低成本，更重要的是能够扩大销量，并通过销量提升利润。如果做不好进销存，企业的资金周转就会断裂，危及企业生存。

2. 利润角度

进销存失衡导致无法形成销量，就会无法产生精品、保险等附加值营业额，从而没有利润产生。

管控库存车的关键是要将进销存的结构向理想状态接近，这需要通过不断调整进车计划、优化库存车型来实现，但是前提是要有足够的资金。企业的资金有限，如果库存结构不合理，就会占用进车资金，所以库存车的库龄管理就变得十分重要。

车辆进入库里，从入库当天开始，每天都会有成本计入，无论什么情况，只要车辆未被售出，停放多一天，单台车的成本就会多些。超出设定的止损点后，成本就会迅速上升，而这种超出止损点之后的成本就是“超龄车成本”，如图9－4所示。

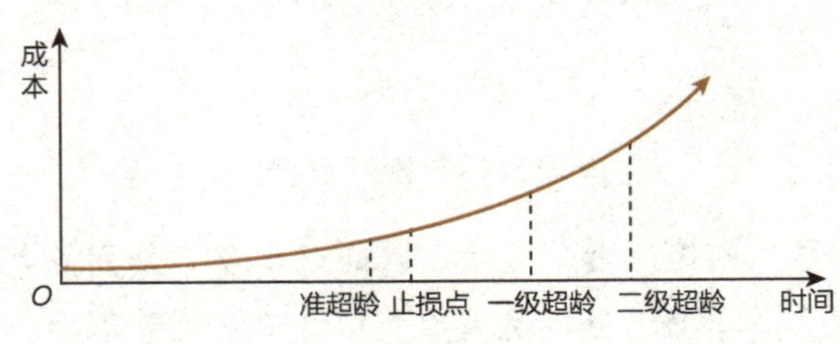

图9－4 超龄车成本图

专营店的止损点时间大致定为90天（金融公司贷款，超过90天后的银行利息将会增长20%）。库存时间临近止损点的车型为准超龄车型（为销售经理提供警示作用，时间可自行设定，建议定为止损点前15天）；超过止损点一段时间的车型为一级超龄（如果止损点定在90天，一级超龄车型的时间可以定在120天，因为此时间段内，使用金融公司贷款所付出利息要比90天之前多20%）；120天以上二级超龄。

二、库存车成本构成

如果想降低超龄车成本，就要知道停放在库里的车辆每天都会产生哪些成本。

1. 利息成本

进车时，我们所利用的资金都会产生成本损失，比如：金融公司贷款（信用证）或银行承兑汇票，即当超出一定时间后所承担的部分利息；银行承兑汇票有一定的时间限制（最长可半年），超过时限未还款，银行将不再为其放贷（适用于定期周转）；厂商金融公司贷款（信用证），目前金融公司的利率为7.23%，三个月后会自动上浮20%。

2. 机会成本

即使是本企业自有资金，没有利息也会存在资金运用的机会成本。库存车滞销无法周转，就会造成资金被占用过多；如果将此资金盘活运用到其他热销车型中，所赚取的利润实际上就是目前库存车占用的机会成本。

3. 促销成本

由于库存车停放时间过长，需要对此车型进行促销，而促销的实际金额就是此车的促销成本。

4. 仓储成本

由于库存量较大，停放起来需要停放地点，即会存在租金；即使不存在租金，仓储人员的花销也是库存车仓储成本的项目。

5. 维修成本

由于库存车停放时间较长，难免出现维修项目，这也是库存车时间较长、成本增加的原因之一。

上文提到的“超龄车”成本是将上面各项成本相加，这些库存成本都是客观存在的，为了能降低“超龄车”成本，在面对“超龄车”促销时不应过分计较成本，需要当机立断，尽快销售。降低“超龄车”成本的办法就是不产生超龄车，所以要及时对库存车进行管理。

三、库存车的管理方法

1）坚持“先进先出”的原则，即库存时间长的车先销售。

2）根据不同的库龄级别，逐级增加给销售顾问的提成力度，增加幅度为50%～200%。

3）推出“超龄车”促销，每台促销车都有一项单独的促销政策。对“促销车”可以进行不同的安排，如果客户有意购买，销售经理可以亲自洽谈，还可以设立专门的促销区。

4）对于存放在二级经销商处的“超龄车”，应立即调回主展厅进行促销。

第十章 展厅 5S 管理

第一节　汽车 4S 店展厅 5S 管理的方法

5S 是指整理（SEIRI）、整顿（SEITON）、清扫（SEISO）、清洁（SEIKETSU）、素养（SHITSUKE）这五个项目，因日语的罗马拼音均为“S”开头，所以简称为 5S。

展厅 5S 主要体现在七大区域，如图 10－1 所示。

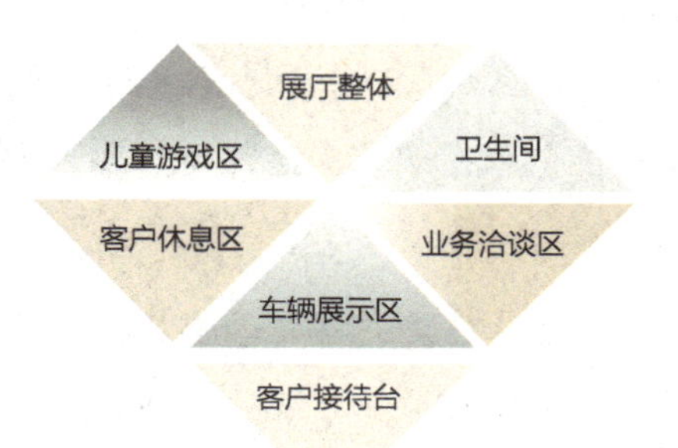

图 10－1　展厅 5S 区域管理图

4S 店展厅是品牌与服务的形象。客户也许不一定会仅仅因为展厅环境好就决定购车，但一定有客户会因为展厅环境不好而放弃在该店购车。展厅环境不好，就容易让人产生对品牌和服务质量的不信任。因此，展厅 5S 管理同样是 4S 店提升成交率必不可少的指标。

案例

某汽车 4S 店展厅 5S 管理细则

（一）展厅整体

1）展厅内外墙面、玻璃墙等保持干净整洁，应定期（1次/半年）清洁。

2）展厅内部相关标识的使用应符合主机厂要求。

3）应按主机厂要求挂有标准的营业时间看牌。

4）展厅的地面、墙面、展台、灯具、空调器、视听设备等保持干净整洁，墙面无乱贴的广告海报等。

5）展厅内放置型录架，型录架上整齐摆满与展示车辆相对应的各种型录。

6）展厅内保持适宜、舒适的温度，依照标准，保持在25℃左右。

7）展厅内的照明要求明亮、令人感觉舒适，依照标准，照度在800lx左右。

8）展厅内需有隐蔽式音响系统，在营业期间播放舒缓、优雅的轻音乐。

9）展厅内所有布置物应使用主机厂可提供的标准布置物。

（二）车辆展示区

10）每辆展车附近的规定位置（位于展车驾驶位的右前方）设有一个规格架，规格架上摆放与该展车保持一致的规格表。

11）展车间相对的空间位置和距离、展示面积等参照相关手册执行。

12）其他项目参照本章“展车规范要求”及“展示布置规范示意图”执行。

（三）顾客休息区

13）顾客休息区保持整洁，沙发、茶几等摆放整齐并保持清洁。

14）顾客休息区桌面上备有烟灰缸，烟灰缸内若有3个以上（含3个）烟蒂，应立即清理；每次在客人走后，应立即把用过的烟灰缸清理干净。

15）顾客休息区设有杂志架和报纸架，各备有5种以上的杂志和报纸，其中应包括汽车杂志、报纸，报纸应每天更新，杂志超过一个月以上需更换新一期。

16）顾客休息区设有饮水机，并配备标准的杯托和纸杯。

17）顾客休息区需摆放绿色植物盆栽，以保持生机盎然的氛围。

18）顾客休息区配备有大屏幕彩色电视机（29英寸以上）、影碟机等视听设备，在营业时间内可播放汽车广告或相关专题片。

（四）业务洽谈区

19）业务洽谈区的桌椅摆放整齐有序、洁净卫生；桌面上备有烟灰缸，烟灰缸内若有3个（含3个）以上烟蒂，应立即清理；每次在客人走后，应立即把用过的烟灰缸清理干净。

（五）顾客接待台

20）接待台保持干净，台面上不可放有任何物品，各种文件、名片、资料等整齐有序地摆放在台面下，不许放置与工作无关的报纸、杂志等杂物。

21）接待台处的电话、电脑等设备保持良好的使用状态。

（六）卫生间

22）卫生间应有明确、标准的标识牌指引，男女标识易于明确区分。客人用和员工用卫生间应分别设置，客人在一楼，员工在二楼，由专人负责清洁，并另由专人负责检查与记录。

23）卫生间的地面、墙面、洗手台、设备用具等各部分保持清洁，台面地面不许有积水，大小便池也要保持干净。

24）卫生间内无异味，应采用自动的空气清新剂喷洒器来消除异味。

25）卫生间内相应位置应备有充足的卫生纸，各隔间内设有衣帽钩，小便池所在的墙面上应悬挂有令人赏心悦目的装饰画。

26）适度布置一些绿色植物或鲜花予以点缀。

27）卫生间洗手处需有洗手液、烘干机、擦手纸、绿叶植物等，洗手台上不可有积水或其他杂物。

28）在营业期间播放舒缓、优雅的背景音乐。

（七）儿童游戏区

29）儿童活动区应设在展厅的里端，位置应相对独立，安排专人负责儿童活动时的看护工作（建议为女性），不宜离楼梯、展车、电视、型录架、规格架等距离太近，但要能使展厅内的顾客看到儿童的活动情况。

30）儿童游戏区要能够保证儿童的安全，所用的儿童玩具应符合国家相关安全标准的要求，应由相对柔软的材料制作而成，不许采用坚硬锐利的物品作为儿童玩具。

31）儿童游戏区的玩具应具有一定的新意，色调丰富，保证其对儿童有一定的吸引力。

第二节 汽车4S店展厅5S管理的工具

一般来说，4S店可以准备三套不同检核范畴的“5S检核表”：一套供销售部门使用，一套供售后服务部门使用，一套供行政部门使用，分别见表10－1、表10－2和表10－3。

表10－1 销售部5S每日检核表

检核人：　　　　检核日期：　年　月（第　周）

注意事项：

1. 评分A表示该项目有落实执行，B表示不够落实或仍可再改善，C表示未被执行或完全未依标准（未受检项目请填N）
2. 检核方式分三种：V代表直接目视观察评分，D表示需查阅文件档案或电脑资料，H表示由检核员询问相关主管或人员
3. 检核结果为B、C时请填写意见说明，检核方式为V的项目如检核结果为B和C时请以照片辅助说明

经销店现场检核部分			周日	周一	周二	周三	周四	周五	周六	总计	意见说明
一、外观											
1	双面立柱是否保持完好状况、无破损	V									
2	室外方向指示牌是否保持清洁完好、无蜘蛛网	V									
3	招牌是否保持清洁完好、无破损	V									
4	室外灯光是否正常	V									
5	横布旗、刀旗及其他布置物是否依规定悬挂、无破损	V									
6	外墙油漆（磁砖）是否无剥落老化	V									
7	经销店外面花木及草皮是否修剪整齐	V									
8	来宾停车区或代客停车标志是否整洁	V									
9	来宾专属停车位是否整洁无占用	V									
10	试乘试驾车辆或户外展示车是否停放在适当位置且整齐	V									
11	展厅周边车辆是否停放整齐	V									

（续）

经销店现场检核部分			周日	周一	周二	周三	周四	周五	周六	总计	意见说明
一、外观											
12	展厅玻璃幕墙保持干净明亮	V									
13	入口标志是否保持完好、无缺损	V									
14	弧形旋转门是否运行良好且玻璃干净	V									
15	雨伞架是否保持完好且雨伞摆放整齐	V									
外观小计											
二、试乘试驾车辆											
1	试乘试驾车车窗玻璃是否明亮	V									
2	试乘车是否保持最佳状况（至少两片CD；油量1/2；车况及加装完好）	V									
3	试乘试驾车轮胎及内外脚踏垫均保持清洁	V									
试乘试驾车辆小计											
三、展厅内部布置											
1	展厅内盆栽花木种植状况是否良好	V									
2	展厅内地面是否保持干净	V									
3	展厅角落有无蜘蛛网未清除	V									
4	展厅地面有无破损、老旧、污秽情形	V									
5	展厅电动窗帘是否使用正常	V									
6	展厅灯光照明是否正常且良好	V									
7	展厅空调及地热是否正常且出风口保持干净	V									
8	主要入口标志是否整洁并完好	V									
9	前台桌面的鲜花是否新鲜	V									
10	前台是否放置杂物	V									
11	前台是否保持干净；广告布置物整齐无过期	V									
12	自动门是否运行正常且玻璃明亮	V									
13	销售顾问是否配挂销售名牌并随身携带名片	V									
14	顾客来店时，展厅接待人员是否面带微笑并起立欢迎	V									
15	顾客来电是否在铃声三声内接听并亲切问候应答	V									

（续）

经销店现场检核部分			周日	周一	周二	周三	周四	周五	周六	总计	意见说明
三、展厅内部布置											
16	车型目录是否保持整洁且充足、无短缺	V									
17	展厅是否有当期布置物，过期布置物是否均已拆除	V									
展厅内部布置小计											
四、展示车辆											
1	每部展示车周围间隔空间是否合理，车门是否上锁	V									
2	展示车身及内部是否整洁，车窗玻璃是否保持明亮	V									
3	车辆规格配备及价格是否标示清楚且无误	V									
4	是否使用原厂脚踏垫，是否保持整齐干净	V									
5	后座安全扣、安全带是否定位好	V									
6	座椅、头枕位置是否适当	V									
7	轮胎（面）、轮圈是否保持干净明亮	V									
8	轮胎垫保持干净	V									
9	展示车标牌是否前后皆有	V									
10	展示车相关配件是否有展示或介绍物	V									
展示车辆小计											
五、商谈室内部布置											
1	商谈室外玻璃是否明亮	V									
2	商谈室内绿植是否种植完好，鲜花是否新鲜	V									
3	商谈桌面解说辅助物及合同是否摆放整齐	V									
4	商谈室内外装饰物（挂画、藤蔓装饰等）是否整洁完整	V									
5	灯光设备是否能正常使用	V									
6	商谈室内家具是否完整且能正常使用	V									
7	商谈室地毯是否干净无污渍	V									
8	商谈室窗帘是否良好	V									

（续）

经销店现场检核部分			周日	周一	周二	周三	周四	周五	周六	总计	意见说明
五、商谈室内部布置											
9	商谈室电脑是否正常并安装了共享盘及 LCV 车辆自动选配汽车系统	D									
10	商谈桌（椅）随时归位，整齐并保持干净	V									
11	商谈区是否有妥善规划运用无不当摆设杂物	V									
商谈室布置小计											
六、新车交收厅											
1	地面是否整洁无污渍	V									
2	待交收车辆内外是否保持整洁	V									
3	相关家具是否完整并使用正常	V									
4	新车交收厅标志是否整洁并完好	V									
5	周围玻璃墙面是否整洁干净	V									
6	窗帘是否可正常使用	V									
7	灯光设备是否能正常使用	V									
新车交收厅小计											
七、办公室环境布置（销售办公室及销售经理办公室）											
1	各类资料及 DM 表单是否摆放整齐	V									
2	办公区室内摆设盆栽，整洁及绿意盎然	V									
3	空调/地热运行是否正常，出风口是否保持干净	V									
4	报架或资料架是否摆放整齐	V									
5	办公区照明灯是否正常、无损坏	V									
6	办公室墙面壁纸无破损和污渍	V									
7	办公室窗台、窗户是否整洁	V									
8	办公室内电脑、打印机、复印机是否能正常使用	V									
9	办公室桌椅是否摆放整齐且均可正常使用	V									
10	办公桌上公文资料摆放整齐	V									
11	办公室张贴最新销售海报	V									
12	是否有办公室日常管理规则并张贴告示	V									
办公室环境布置小计											

（续）

经销店现场检核部分			周日	周一	周二	周三	周四	周五	周六	总计	意见说明
八、顾客洗手间（一楼及车主廊）											
1	是否清楚标示洗手间位置	V									
2	是否有值班人员负责清扫并记录	V									
3	通风是否良好、无异味	V									
4	洗手间设备（烘手器、水龙头等）是否可正常使用	V									
5	灯光设备是否能正常使用	V									
6	地板是否干净、无积水	V									
7	相关用品（洗手液、卫生卷纸）是否充足	V									
8	便池是否干净洁白、无黄污垢	V									
9	盆栽及鲜花是否排放整齐且状态良好	V									
10	装饰物（挂画等）是否整洁、完整	V									
11	镜子是否整洁、干净、无水渍	V									
12	是否使用有盖的垃圾桶	V									
13	有无堆放杂物	V									
顾客洗手间小计											
九、吧台（一楼及二楼）											
1	地面是否整洁无污渍	V									
2	吧台相关设备是否状态良好并可正常使用（咖啡机、饮水机、消毒柜等）	V									
3	水槽是否整洁、无残渣及水垢	V									
4	客户用杯是否整洁、摆放整齐	V									
5	公用物品（小汤匙、咖啡杯、咖啡碟、玻璃杯等）是否及时清洁且定期消毒	H									
6	吧台桌面用品是否摆放整齐	V									
7	吧台储物柜内物品是否分类摆放且整齐	V									
8	冰箱内食品是否充足且分类摆放整齐	V									
9	西点柜是否保持低温且食品摆放整齐充足	V									
吧台小计											

（续）

经销店现场检核部分			周日	周一	周二	周三	周四	周五	周六	总计	意见说明
十、车主廊（包括贵宾室、按摩室、视听室、上网区）											
1	地面是否整洁无污渍	V									
2	家具等物品状态良好且使用正常	V									
3	车主廊标志整洁并状态良好	V									
4	灯光设备是否能正常使用	V									
5	是否是当期布置物，过期布置物是否均已拆除	V									
6	报刊架上报纸杂志是否摆放整齐，是否为当期	V									
7	窗帘是否正常使用	V									
8	相关设备（电视机、音响、电脑、碟机、按摩椅等）是否正常使用	V									
9	周围玻璃墙面是否整洁干净	V									
10	烟缸内烟蒂是否及时清理	V									
11	商谈室内绿植是否状态完好，鲜花是否新鲜	V									
12	鱼缸内水质是否干净	V									
车主廊小计											
十一、仓库（销售工作间内及上网区内设备间）											
1	物品是否分类摆放、整齐	V									
2	是否有相关的出入库登记	V									
3	墙面及地面是否干净	V									
仓库小计											
十二、新车库											
1	升降梯是否整洁，能正常使用及正常填写每日检查表	V									
2	是否有相关的出入库登记	V									
3	墙面及地面是否干净	V									
4	车辆是否摆放整齐	V									
新车库小计											
总计											

表10－2 服务部5S每日检核表

检核人：	检核日期：	年 月 周

注意事项

1. 评分A表示该项目有落实执行，B表示落实不够或仍可改善，C表示未被执行或完全未依标准（未受检项目请填N）
2. 检核方式分成三种：V代表直接目视观察即可评分，D表示需查阅文件档案或电脑资料，H表示需由检核员亲自询问相关主管或人员
3. 检核结果为B、C时填写评比意见，检核方式为V的项目如检核结果为B、C时以照片辅助说明

服务部现场检核部分			周日	周一	周二	周三	周四	周五	周六	总计	意见说明
一、服务厂区外观管理											
1	室外吊挂灯箱是否良好	V									
2	服务区入口标识是否干净	V									
3	横布旗、刀旗及其他布置物是否干净	V									
4	服务区外墙是否干净	V									
5	服务区外烟缸烟蒂是否干净	V									
6	室外麻石是否整洁、无污渍	V									
7	外墙油漆（磁砖）是否无剥落老化	V									
8	维修接待入口地毯是否干净	V									
9	室外灯光是否正常	V									
10	维修接待区周围玻璃保持清洁明亮黑金贴是否保持完整	V									
11	服务区周围外墙、水沟，垃圾筒等是否干净	V									
12	服务区周边有无摆放杂物	V									
13	服务区周边车辆是否停放整齐	V									
服务厂区外观管理小计											
二、维修接待过厅布置（客户关联部至收银台）											
1	地面有无破损、老旧、污秽	V									
2	维修服务区内维修接待、洗车、收银、顾客休息区等标示板完整且干净	V									
3	相关广告及促销信息牌是否为当期，是否干净并挂于明显处	V									
4	灯光是否正常	V									
5	家具是否整洁、良好	V									

（续）

服务部现场检核部分			周日	周一	周二	周三	周四	周五	周六	总计	意见说明
二、维修接待过厅布置（客户关联部至收银台）											
6	维修接待过厅内玻璃干净、明亮，黑金贴是否完整	V									
7	烟缸内烟蒂是否及时清理	V									
8	维修接待过厅内绿植是否种植完好，鲜花是否新鲜	V									
9	维修接待过厅内装饰物（挂画等）是否整洁、完整	V									
10	报杂志架是否当月，摆放是否整齐、无灰尘	V									
11	预约专线电话告示板放置于明显处	V									
12	鼓励客户使用预约服务并宣传告知	V									
13	每日预约名单是否确实列印并张贴于明显位置	V									
维修接待过厅布置小计											
三、维修接待											
1	维修接待顾问服装仪容符合规定且保持整洁（名牌、制服等）	V									
2	维修接待柜台是否保持干净整齐	V									
3	顾客到店时，维修接待顾问立即接待并鞠躬问好	V									
4	维修接待顾问简单自我介绍或递名片给车主	V									
5	维修接待顾问是否与客户一同检查车身（外表或缺件）	V									
6	是否确实使用四宝（椅套、方向盘套、排挡头套、脚踏垫）	V									
7	提醒客户并检查车内是否有贵重物品	V									
8	有无准备服务补偿（保险理赔）说明的相关资料	V									
9	接待并主动提供促销信息或DM给车主	V									
10	其他工作人员遇车主时有无点头问好	V									
维修接待小计											

（续）

服务部现场检核部分			周日	周一	周二	周三	周四	周五	周六	总计	意见说明
四、交修确认作业											
1	有无悬挂布旗等推广增值服务	V									
2	是否能很快知道零件是否有库存	V									
3	亲送顾客出厂或招呼顾客至休息室休息	V									
4	有无确认工作进度情形，确保准时交车	H									
交修确认作业小计											
五、维修工序观看廊及精品区											
1	家具是否摆放整齐并保持桌面整洁	V									
2	地面、墙面、玻璃是否干净、无污渍	V									
3	报架是否放置当期报刊书籍并保持整齐干净	V									
4	空调/地热运行是否正常，出风口是否干净	V									
5	是否介绍促进增值服务的相关DM或申请书	V									
6	有无主动为客户加茶水及更换纸巾	V									
7	修护项目及价格表是否放置得当	V									
8	维修接待与技师的证照应加框保护，集中布置	V									
9	室内摆设盆栽、整洁及绿意盎然	V									
10	精品是否分类摆放且标价清楚	V									
11	顾客洗手间有无清楚的指引标示	V									
12	维修接待是否陪同客户至出纳柜台结账并协助解说维修收费	V									
13	收银及结算人员穿着制服并配名牌，保持端庄	V									
14	收银员面对结账客户应立即起立且须面带微笑，适当音量问好	V									
15	收银员主动向客户说明交修单或账单上的收费价格	V									
16	收银柜台上有无摆设增值服务申购书	V									
17	收银员是否将发票和零钱装入零钱袋双手交予客户	V									
维修工序观看廊及精品区小计											

（续）

服务部现场检核部分			周日	周一	周二	周三	周四	周五	周六	总计	意见说明
六、服务部办公室及部长办公室											
1	各类资料卷宗及DM表单是否摆放整齐	V									
2	室内摆设盆栽，整洁及绿意盎然	V									
3	空调/地热运行是否正常，出风口是否干净	V									
4	报架或资料架是否摆放整齐	V									
5	烟缸内烟蒂是否及时清理	V									
6	灯光设备是否能正常使用	V									
7	办公室墙面壁纸无破损、污渍	V									
8	办公室窗台、窗户是否整洁	V									
9	办公室内电脑、打印机、复印机是否能正常使用	V									
10	办公桌上公文资料摆放整齐	V									
11	地面是否整洁、无污渍	V									
12	SMB招牌、广告牌是否可正常使用	V									
13	是否有办公室日常管理规则并张贴告示	V									
办公室环境布置小计											
七、厂区管理（机修区）											
1	维修技师是否穿着技师制服，并保持仪容整齐	V									
2	每个维修车位均有标示牌并有指定的责任技师	V									
3	卷帘门是否干净且正常运行	V									
4	维修区地砖保持干净，水篦子是否完整、无断裂	V									
5	灯光设备是否能正常使用	V									
6	设备是否进行定位且运行良好	V									
7	各维修看板数据是否及时更新	V									
8	举升机维护良好且保持干净	V									
9	工具车上的工具是否摆放定位	V									

（续）

	服务部现场检核部分		周日	周一	周二	周三	周四	周五	周六	总计	意见说明
七、厂区管理（机修区）											
10	维修中车辆是否有铺设叶子板护套（两侧）	V									
11	工具或零件未直接摆放于地面（以两个以上维修车位为准）	V									
12	清洁工具、消防工具是否定位	V									
13	消防栓柜内不允许堆放物品	V									
14	维修废料空瓶是否有分类回收	V									
厂区管理（机修区）小计											
八、电器零件维修间、专用工具室、油品间											
1	灯光设备是否能正常使用	V									
2	各种设备是否良好且使用正常、摆放整齐	V									
3	地面、墙面有无破损、老旧、污秽	V									
4	室内摆设盆栽，整洁及绿意盎然	V									
5	空调/地热运行是否正常，出风口是否保持清洁	V									
6	报架或资料架是否摆放整齐	V									
7	办公室墙面壁纸无破损和污渍	V									
8	办公室窗台、窗户是否整洁	V									
9	办公室内电脑、打印机、复印机是否能正常使用、无灰尘	V									
10	办公桌上公文资料摆放整齐	V									
11	是否有办公室日常管理规则并张贴告示	V									
12	区域内有无杂物摆放	V									
电器零件维修间、专用工具室、油品间小计											
九、员工休息室											
1	各类资料卷宗及DM表单是否摆放整齐	V									
2	室内摆设盆栽，整洁及绿意盎然	V									
3	空调/地热运行是否正常，出风口是否干净	V									

（续）

服务部现场检核部分			周日	周一	周二	周三	周四	周五	周六	总计	意见说明
九、员工休息室											
4	报架或资料架是否摆放整齐	V									
5	烟缸内烟蒂是否及时清理	V									
6	镜子是否整洁、干净、无水渍	V									
7	灯光设备是否能正常使用	V									
8	办公室墙面壁纸无破损和污渍	V									
9	办公室窗台 、窗户是否整洁	V									
10	公文资料摆放整齐	V									
11	地面是否整洁、无污渍	V									
12	是否有办公室日常管理规则并张贴告示	V									
员工休息室小计											
十、大修间、空气压缩机房、车间办公室											
1	灯光设备是否能正常使用	V									
2	设备是否能良好且正常使用	V									
3	地面有无破损、老旧、污秽	V									
4	办公室墙面壁纸无破损和污渍	V									
5	办公桌上公文资料摆放整齐	V									
6	区域内有无杂物摆放	V									
大修间、空气压缩机房、车间办公室小计											
十一、厂区管理（钣喷区）											
1	维修技师是否穿着技师制服，并保持仪容整齐	V									
2	每个维修车位均有标示牌并有指定的责任技师	V									
3	卷帘门是否干净且运行正常	V									
4	维修区地砖保持干净，水篦子是否完整、无断裂	V									
5	灯光设备是否能正常使用	V									
6	设备是否进行定位且运行良好	V									

（续）

服务部现场检核部分			周日	周一	周二	周三	周四	周五	周六	总计	意见说明
十一、厂区管理（钣喷区）											
7	维修看板数据是否及时更新	V									
8	举升机维护良好且保持干净	V									
9	工具车上的工具是否摆放定位	V									
10	维修中车辆是否有铺设叶子板护套（两侧）	V									
11	工具或零件未直接摆放于地面（以两个以上维修车位为准）	V									
12	清洁工具、消防工具是否定位	V									
13	维修废料空瓶是否有分类回收	V									
厂区管理小计											
十二、员工洗手间及淋浴间											
1	通风是否良好、无异味	V									
2	是否有清楚标示洗手间位置	V									
3	是否有值班人员负责清扫并及时记录	V									
4	地面、墙面、玻璃是否干净、无污渍、无积水	V									
5	设备是否破损或无法使用	V									
6	灯光设备是否能正常使用	V									
7	镜子是否整洁、干净、无水渍	V									
8	相关用品（洗手液、卫生卷纸）是否充足	V									
9	洗手间设备（烘手器、水龙头等）是否良好并能正常使用	V									
10	便池是否干净、洁白、无黄污垢	V									
11	布置是否整齐清洁（例如温馨的小物品及盆栽）	V									
12	是否使用有盖的垃圾桶	V									
13	有无堆放杂物	V									
员工洗手间及淋浴间小计											

（续）

服务部现场检核部分			周日	周一	周二	周三	周四	周五	周六	总计	意见说明
十三、钣金仓库、保修零件储藏室											
1	物品是否分类摆放、整齐	V									
2	是否有相关的出入库登记	V									
3	墙面及地面是否整洁	V									
钣金仓库、保修零件储藏室小计											
十四、水力报警室、调漆室、烤漆房											
1	灯光设备是否能正常使用	V									
2	各种设备是否良好且使用正常	V									
3	地面有无破损、老旧、污秽	V									
4	各种色板、色卡是否整洁、无污染（调漆室）	V									
5	烤漆房外观整洁干净	V									
6	区域内有无杂物摆放	V									
水力报警室、调漆室、烤漆房小计											
十五、洗车房、电梯机房											
1	灯光设备是否能正常使用	V									
2	各种设备是否良好且使用正常，无灰尘和水渍	V									
3	地面有无破损、老旧、污秽	V									
4	各种洗车用品是否整洁、摆放整齐	V									
5	区域内有无杂物摆放	V									
洗车房、电梯机房小计											
十六、零件库管理											
1	零件上架归位是否摆放排列整齐	V									
2	零件账料是否相符（于电脑系统中查询2项）	V									
3	零件人员是否穿着公司制服、挂配名牌	V									
4	零件库四周环境是否保持整齐、干净	V									
零件库管理小计											
总计											

表10-3 行政部5S每日检核表

检核人： 检核日期： 年 月 周

注意事项

1. 评分A表示该项目有落实执行，B表示落实不够或仍可再改善，C表示未被执行或完全未依标准（未受检项目请填N）
2. 检核方式分成三种：V代表直接目视观察即可评分，D表示需查阅文件档案或电脑资料，H表示需由检核员亲自询问相关主管或人员
3. 检核结果为B、C时填写评比意见，检核方式为V的项目如检核结果为B、C时以照片辅助说明

	行政部现场检核部分	周日	周一	周二	周三	周四	周五	周六	总计	意见说明
一、经销店外观管理										
1	经销店外围监控系统是否良好且运转正常	V								
2	外墙油漆（磁砖）是否无剥落和老化	V								
3	经销店外面的花木及草皮是否修剪整齐	V								
4	自动门是否正常运转	V								
5	展厂周边车辆是否停放整齐	V								
经销店外观管理小计										
二、楼梯间（展厅楼梯、培训室前楼梯、专用通道、消防通道、员工通道）										
1	地面是否干净无污渍	V								
2	是否堆放杂物影响通过	V								
3	墙面是否整洁，装饰物是否完整	V								
4	扶手栏杆是否保持整洁并且无松动	V								
楼梯间小计										
三、茶水间										
1	地面是否整洁、无污渍	V								
2	吧台相关设备是否状态良好并正常使用（咖啡机、饮水机、消毒柜等）	V								
3	水槽是否整洁、无残渣	V								
4	客户用杯是否整洁、摆放整齐	V								
5	公用物品（小汤匙、咖啡杯、咖啡碟、玻璃杯等）是否及时清洁且定期消毒	H								
6	吧台桌面用品是否摆放整齐	V								
7	吧台储物柜内物品是否分类摆放且整齐	V								
8	冰箱内食品是否充足且分类摆放整齐	V								
茶水间小计										

（续）

行政部现场检核部分		周日	周一	周二	周三	周四	周五	周六	总计	意见说明
四、办公区（财务办公室、行政办公室、走廊、大办公区、培训室、会议室、总经理及董事长办公室）										
1	各类资料及 DM 表单是否摆放整齐	V								
2	办公区室内摆设盆栽，整洁及绿意盎然	V								
3	空调/地热运行是否正常，出风口是否干净	V								
4	报架或资料架是否摆放整齐	V								
5	办公区照明灯是否正常、无损坏	V								
6	办公室墙面壁纸无破损、污渍	V								
7	办公室窗台、窗户、窗帘是否整洁，可正常使用	V								
8	办公室内电脑、打印机、复印机是否能正常使用	V								
9	办公室桌椅是否摆放整齐且均可正常使用	V								
10	办公桌上公文资料摆放整齐	V								
12	消防栓柜内不允许堆放杂物	V								
办公区小计										
五、清洁间（一层及二层）										
1	各种清洁用品是否摆放整齐、定位	V								
2	垃圾桶是否及时清洁	V								
3	各种辅助清洁工具（吸尘器、洗衣机等）是否良好	V								
4	地面是否整洁无污渍	V								
清洁间小计										
六、员工洗手间及淋浴间										
1	通风是否良好无异味	V								
2	是否有清楚标示洗手间位置	V								
3	是否有值班人员负责清扫并及时记录	V								
4	设备是否破损或无法使用	V								
5	灯光设备是否能正常使用	V								

（续）

	行政部现场检核部分	周日	周一	周二	周三	周四	周五	周六	总计	意见说明
六、员工洗手间及淋浴间										
6	镜子是否整洁、干净、无水渍	V								
7	相关用品（洗手液、卫生卷纸）是否充足	V								
8	洗手间设备（烘手器、水龙头等）是否良好，可正常使用	V								
9	地板是否干净、无积水	V								
10	便池是否干净、洁白、无黄污垢	V								
11	布置是否整齐清洁（例如有温馨的小物品及盆栽）	V								
12	是否使用有盖的垃圾桶	V								
13	有无堆放杂物	V								
员工洗手间及淋浴间小计										
七、保安室及值班室（包括消防控制室、配电室、锅炉房弱电控制室）										
1	值班室床铺是否整洁，有无异味	V								
2	地面、墙面、玻璃是否清洁、无污渍	V								
3	各种设备是否运转正常且安全、无灰尘	V								
4	办公物品是否完好、无灰尘	V								
5	各种清洁用品是否定位	V								
6	室内物品摆放是否整齐	V								
7	是否有出入登记和物件领用登记	V								
保安室及值班室小计										
八、员工活动室										
1	各种娱乐设备良好且能正常使用	V								
2	各种装饰品状态良好且齐全	V								
3	地面整洁无污渍	V								
4	墙面是否保持整洁	V								
员工活动室小计										

（续）

	行政部现场检核部分	周日	周一	周二	周三	周四	周五	周六	总计	意见说明
	九、员工餐厅及小餐厅、厨房									
1	食堂桌椅是否干净摆放整齐	V								
2	地面、墙面、玻璃是否干净、无油渍	V								
3	各种设备是否状态良好且能正常使用（电视机、冰箱等）	V								
4	水槽干净、无杂物	V								
5	空调/地热运行是否正常，出风口是否保持干净	V								
6	食堂各种设备是否良好且正常运转	V								
7	各种食材、调味品是否分类摆放整齐	V								
8	各种餐具是否定时消毒、保持整洁	V								
9	储藏间物品是否分类摆放整齐	V								
10	冰箱内食品是否充足且分类摆放整齐（小餐厅）	V								
11	室内摆设盆栽，整洁及绿意盎然	V								
12	卫生间无异味，地面、墙面、镜面、洗手盆、便池干净无污渍	V								
13	备餐间物品是否分类摆放整齐	V								
	员工餐厅及小餐厅、厨房小计									
	十、仓库（培训室内、楼梯间下、办公区内）									
1	物品是否分类摆放整齐	V								
2	是否有相关的出入库登记	V								
3	桌椅摆放是否整齐	V								
4	培训设备是否完好、无灰尘	V								
5	墙面及地面是否干净	V								
	仓库小计									
	总计									

5S实际就是一种检核的行为，汽车经销商除了要在车辆和硬件上实施5S管理，更需要通过5S管理来规范员工的仪容、仪表，见表10－4和表10－5。

表10－4 男性员工仪容仪表5S检核表

项　目	检查要点	是	否	具体情况
作业服	是否有脏与破的地方			
	领子与袖口是否干净			
	下摆与口袋的入口处是否干净			
	是否有较显眼的折皱及破损的地方			
	口袋是否盖得平整			
	衣服的大小是否合身			
	下摆是否太短或太长			
	裤子是否清洁			
	名牌是否平整			
衬衫	是否经常换洗			
	领口与袖口是否干净			
	扣子是否已扣好			
领带	是否戴的是较好的领带			
	领带结是否规整			
头发	是否干净			
	发型是否符合要求			
	头发长度是否合适			
脸	胡子是否剃得干净			
	耳朵与脖子是否清洁			
	鼻毛是否伸出鼻外			
嘴、牙	牙齿上是否有食物残渣			
	有无口臭			
手、指甲	手和手腕是否都洗得很干净			
	指甲是否干净整齐，长度是否合适			
袜子	有没有土落在上面			
	是否有破的地方			
鞋	与工作服是否相配			
	是否擦得很干净			
	是否有磨损			

（续）

项　目	检查要点	是	否	具体情况
饰物	是否戴了很大或很贵重的饰物			
	是否戴得太多了			

表10－5　女性员工仪容仪表5S检核表

项　目	检查要点	是	否	具体情况
作业服	是否有脏与破的地方			
	领子与袖口是否干净			
	下摆与口袋的入口处是否干净			
	是否有较显眼的折皱或破损			
	口袋是否盖得很好			
	衣服的大小是否合身			
	内衣的线是否出来了			
	裙子是否发皱			
	名牌是否平整			
头发	是否干净			
	发型是否符合要求			
脸	是否化妆了			
	妆容是否得体			
嘴、牙	牙齿上是否有食物残渣			
	有无口臭			
长筒袜	是否有破损			
	颜色是否是以肤色为基准			
	是否穿了紧身衣裤			
	是否带着备品			
指甲	是否太长或太短			
	不能涂颜色太夸张的指甲油			
饰物	是否戴了很大或很贵重的饰物			
	是否戴得太多了			

（续）

项　目	检查要点	是	否	具体情况
鞋	是否整洁			
	是否为简单的浅口鞋			
	鞋跟是否有磨损			
其他	香水是否喷得太多			
	是否带着手绢			
	是否准备了针线包			

5S管理要以管理规范为标准，按照“检核表”的要求做到每天检核。

营销管理

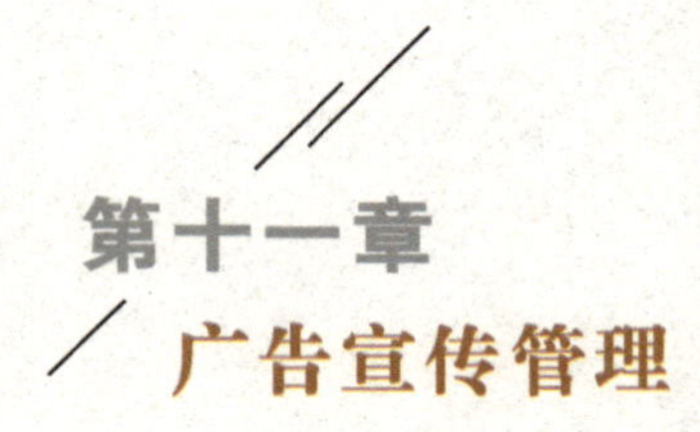

第十一章 广告宣传管理

第一节　汽车4S店市场分析方法

在同一区域内分布多家同品牌店，即使消费者看中了该品牌的车型，为什么要去某一家店购买呢？这就是市场分析，是汽车4S店一定要研究的问题（见图11－1）。

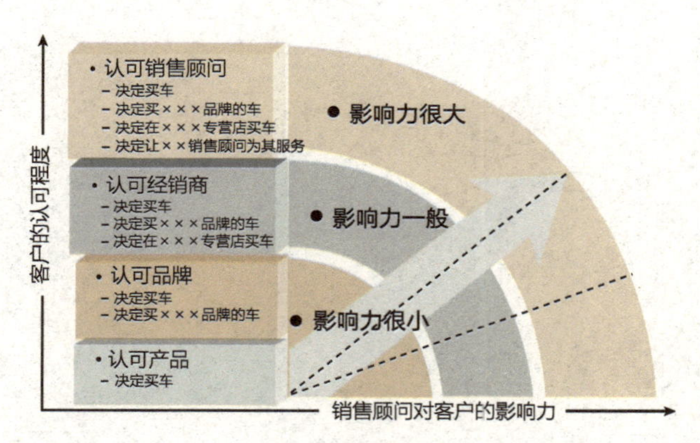

图11－1　意向客户的认可度与销售的影响力示意图

从图11－1中可以看出，客户买车时，会从产品、品牌、4S店和销售顾问这四个维度出发进行考虑，并最终做出选择。因此，提升来店量必须在每一个维度上都给出一些打动客户的理由。

要戒除主观随意性，减少盲目性。任何营销策略的成功实施，都是以明晰目标群体为必要前提的，这是基础中的基础。谁是顾客？你又是否清楚他们的年龄区间、区域分布、职业、所属行业、大致收入水平？

通过什么渠道可以更容易找到他们？顾客的利益需求是什么？购车和用车过程中所关注的焦点又有哪些？购车选择过程中，可能主要存在哪些干扰因素？公司的价值主张是否与其相符？我们通过何种方法或方式使其更易于接受？这些均是许多汽车4S店的薄弱之处。

汽车消费的意向客户至少要具备四项基本特征：

① 对车有需求。
② 对品牌及车型有兴趣。
③ 认可4S店。
④ 具有购买力。

这四个条件缺一不可。想要提升来店量，就必须对客户进行研究和调查了解。无论何时，都不应该抛开顾客谈方略，否则，方略势必会成为无源之水、无本之木。汽车4S店对消费者的研究始终不可懈怠，例如基本特征、消费心理、行为习惯、决策思路、购买特征、用车状况等方面的调查总结、研究分析。

依据准确的客户数据和信息，就可以针对最近半年到一年来店客户的数据进行客户形态分析。一般来说，客户的来源由基盘置换、自然来店、大客户、情报收集和开拓渠道几部分组成，如图11－2所示。

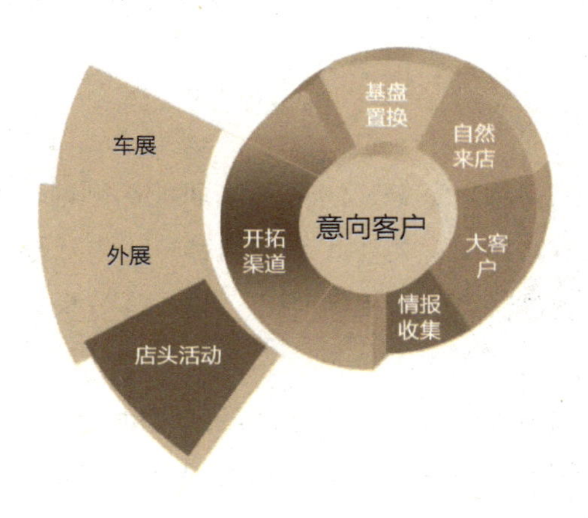

图11－2 客户来源分解图

要想提升来店量，就必须对每一部分的客户来源进行分析。主要分析以下三部分内容：

一、客户信息来源分析

这一部分分析，主要用以了解来店客户主要是通过什么渠道了解到的本店信息，未来便可以在相应媒体上重点投放宣传广告（见图11－3）。

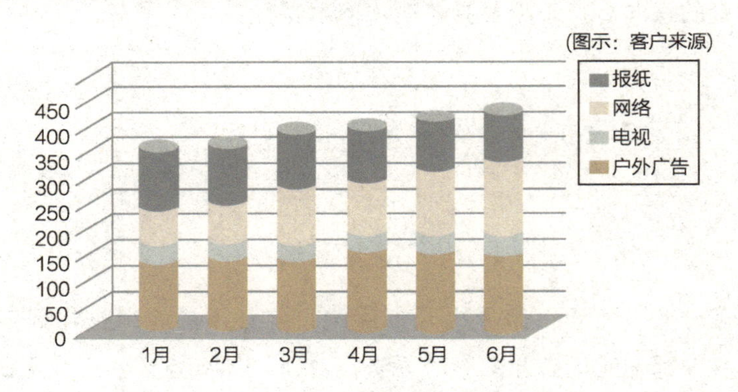

图11－3 基于媒体的客户来源及形态分析图

二、客户意向车型分析

这一部分分析，主要用以了解来店客户主要关注的车型是哪些。未来在广告宣传的时候可以对重点车型加大促销力度，或针对弱势车型加大宣传力度。

三、来店客户职业分析

这一部分分析，主要用以了解来店客户的职业。同时，在这一部分分析中，还可以分车型进行分析。比如，关注A车型的客户，主要是国有职员、私营业主还是公司白领？未来在进行广告宣传的时候，可以根据不同的受众群体，选择不同的广告媒体和宣传方式（见图11－4）。

通过针对客户来源和形态的分析，最终可以帮助4S店汇总形成一套完整而有效的“客户来源分解图”。基于此图，4S店便可在广告投放上做到有的放矢（见图11－5）。

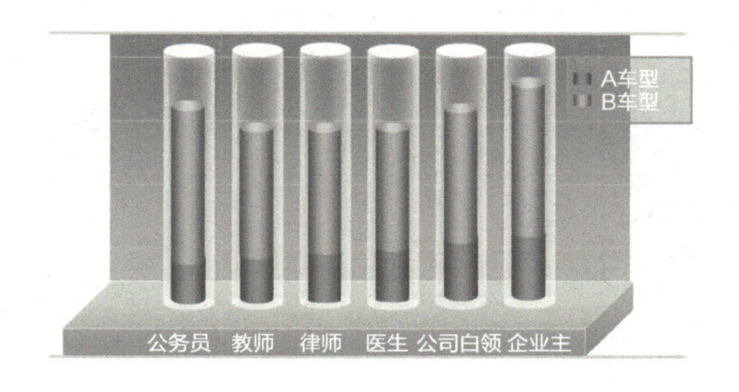

图 11-4 基于车型的客户来源及形态分析图

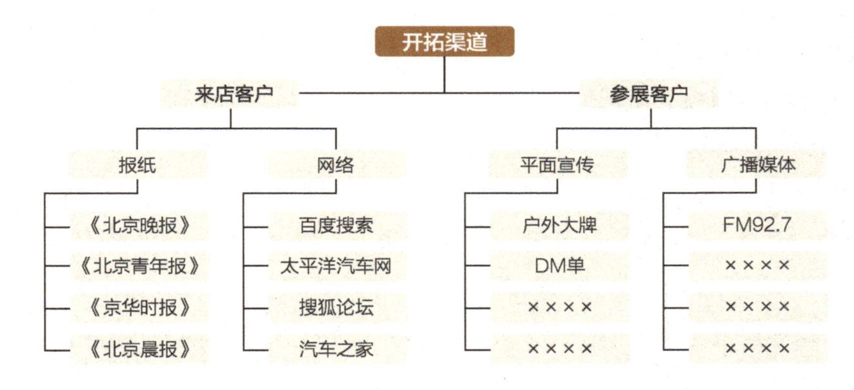

图 11-5 客户来源分解图

第二节 汽车 4S 店媒体投放方法

客户来源的分析完成后，就可以选择合适的媒体及媒体排期进行广告宣传了。不同的媒体拥有不同的优势和劣势，汽车 4S 店可根据当地具体情况选择合适自己的媒体组合。

一、各类媒体平台的优劣势

各类媒体平台的优势、劣势见表 11-1。

表 11－1 媒体选择的优劣势分析表

媒体	优势	劣势
报刊杂志	发行量大、受众面广	针对性弱、时效性短
电视广告	影响力强、受众面广	成本过高、针对性弱
电台广播	针对性强、受众面广	时效性短、竞争激烈
户外大牌	时效性长	灵活性弱
网络广告	受众面广、灵活性强	竞争激励、针对性弱
微博广告	互动性强、成本低廉	竞争激励

通常，市场人员习惯于投放区域性强的报纸、电台、网络、出租车、公交车车身等大众性媒体，报纸、电台广告的投放费用相对较高，网络广告相对实惠、互动性较好。对于大多数 4S 店而言，现实情况并不允许大量投放广告，因此不得不考虑选择性地投放；同时，还可以有意识地选择定向的 DM、短信等形式的传播方式予以补充配合。

在策划过程中，投放目标、预估效果、投放成本、媒体排期、主要内容、文案、创意元素、广告形式、规格、时长、频率、策略组合等要素都应该明确到位。

各时期的广告主题鲜明突出，并且具备一定的连贯性，切忌堆叠过多的主题内容，分散注意力，彼此割裂，打哪儿指哪儿。

一定要通过媒体把客户和 4S 店串联起来。

同时，对于媒体投放效果的监测必不可少，以销售顾问、服务前台与专项调研作为市场部重要的反馈渠道和方式，通过考核广宣时期内的来店（电）量、销量的前后增减变化情况，针对广告成效、投放成本等出具初级测算评估，撰写报告留存以备决策参考。

二、选择媒体三大原则

在选择媒体时需要遵循三大原则：

（1）受众面广　媒体传播面广阔，发行量大。

（2）针对性强　媒体的受众人群符合 4S 店所经营品牌及车型的意向客户群体范围。

（3）符合受众的习惯　广告投放的方式让更多人容易接受。

案例

北京某4S店刚刚开业不久，为提升来店量，市场经理王子璐决定通过广告宣传的形式提高知名度。由于是新建店，考虑成本因素，该店先选择了北京一家非主流媒体的报纸投放了广告。但一个月后发现收效甚微，来店量几乎没有明显提升。于是，该店改投当时北京地区发行量最大的《北京晚报》。一个月后，来店量出现了一定的提升，但经统计，来店客户意向程度仍未能达到预期效果。经营团队经过分析发现，《北京晚报》的阅读群体主要以中老年人为主，而这一群体并非是该品牌车型的主要购车群体。

之后，该4S店又将广告投放的主要方向转移到了《北京青年报》上，来店量随即出现了明显的提升。

在投放报纸广告期间，王子璐还发现，根据阅读人群的习惯，广告投放在报纸的“右手边”（即3版、5版）的效果明显优于报纸的“左手边”（即2版、4版）。

这一案例告诉我们，广告媒体的投放是一个不断选择的过程，从小众报纸改投《北京晚报》，是受众人数的提升；从《北京晚报》改投《北京青年报》，是针对性的提升；从左手版面改投右手版面，是基于对受众关注媒体的习惯的理解。

同时，广告宣传也是一个循序渐进的优化过程。提升来店量不是单靠某一个媒体或某一种宣传方式就可以达到的，要想达到理想的效果，就必须不断地花心思去优化。

三、广告宣传优化三个原则

在广告宣传优化时需要遵循这样三个原则：

1）组合投放：多种媒体形式广告共同投放。

2）分时段投放：根据受众的关注媒体的时间段特征，分别投放广告。

3）分目标投放：根据宣传的目的，选择广告投放方式。

案例

浙江台州某品牌4S店准备参加一年一度的当地车展，而车展前期需要大量地集客，于是，该经销商市场部经理王子璐做出了如下的广告宣传排期计划：

首先，将车展活动分为展前、展中、展后三个时间段，在不同的时间段，根据不同的宣传需求，选择不同的媒体组合投放广告。

其次，在分析了受众在不同时间段使用媒体的特征后，将一天分成 5 个时间段，分别在不同的媒体上投放广告。让受众一整天都能听到或看到相关的广告宣传。

再次，根据车展不同的时间段以及不同的目标，选择不同的宣传方式，以达到引导客户的目的。

第三节 汽车 4S 店广告策划方法

媒体的选择与广告投放方式的优化可以帮助 4S 店更有针对性地覆盖意向客户，而广告内容的有效吸引力则是提升来店量的更加重要的保障。

在广告宣传的内容方面，4S 店主要需要研究以下三个要素：

一、卖给谁

这个要素重点考虑的是广告的受众群体。一般来说，广告的受众群体有以下三种：

1. 产品的主要使用人群

产品的使用者是做出购买决定的最直接的群体。比如，运动型的汽车，主要使用群体是年轻人，广告风格以青春动感为主；商务型的汽车，主要使用群体是中年人，广告风格以成熟稳重为主；舒适型的汽车，主要使用群体是家庭，广告风格以和谐温馨为主。

2. 产品的购买人群

为了避免激烈的广告竞争，广告宣传可以通过改变产品属性的方式来转移购买群体，典型的成功案例就是“脑白金”的广告。“脑白金”作为保健品，它的使用人群当然是中老年人，但它的广告宣传从始至终没有提“保健品”三个字。“送礼还送脑白金”使得产品的属性从保健品变为了礼品，而购买群体则由中老年人转向了他们的子女。

3. 对购买者具有影响力的群体

在产品购买过程中，有一类群体虽不是购买决策人，但可以对决策人产生很大的影响，针对这一类人群的营销可以有效促进决策人做出购买决定，并有效缓解决策人的防备心理。

案 例

北京某品牌经销商在销售中曾遇到一位客户，该客户在提车时，带着自己正在读小学五年级的儿子一同前往。

在与客户的交流过程中了解到，这位客户及其同事对本品牌的汽车有着很浓厚的兴趣，是非常重要的意向客户群体。但由于该客户工作性质的原因，经销商也很难针对这类人群直接开展宣传活动。

但在与车主的儿子“闲聊”的过程中发现，这位小朋友和他的同学也都对汽车有着浓厚的兴趣，而且他所就读的学校是某子弟小学，其同学主要都是其父母同事的子女。不久以后，该店的市场部联系了这位小朋友所在的学校，邀请学校的同学们到店参加开展了一期“爱国主义教育活动——中国汽车发展知识”。

活动结束后，这些小朋友带着家长来店看车的数量剧增。

二、卖什么

这个要素所要思考的是广告对产品价值的展现。同样是卖车，如果展现的产品价值仅仅是车的本身，那就很难在激烈的同类产品竞争中脱颖而出。因此，广告宣传要想吸引客户，就一定要突出产品的特殊价值。产品的特殊价值一般有三种表现形式：

1. 社会型

即在广告宣传过程中强调产品社会属性。比如，早年丰田的广告语“车到山前必有路，有路必有丰田车”，就突出了丰田车的市场保有量。

2. 功能型

即在广告宣传过程中强调产品的功能价值，引发消费者的信任感。比如，日产的广告“技术日产，人车生活”，便突出了日产车精细的技术性能。

3. 情感型

即在广告宣传过程中，强调产品带来的情感价值，增强产品的关注度。在汽车广告宣传中，总是西装革履出镜的形象已经让人感到疲倦。而强调情感价值的广告则可以使消费者产生更强的共鸣感。比如，雪佛兰科迈罗便借助《变形金刚》这部电影，引发了消费群体的共鸣。

突出产品的特殊价值，是4S店广告宣传的核心要素，三种表现形式既可以分别加以出现，又可以整合进行宣传。

案 例

某品牌4S店在一次当地的车展上宣传T车型LED㊀尾灯的安全效用。为了更好地展示安全性的卖点，他们特意在宣传中插入了一个真实的故事。

故事讲述的是一个在广东东莞经商的湖南籍小企业主张老板，十几年的打拼使得他身家数千万元，而且生活幸福美满。但就在年初开车回湖南老家的高速公路上，由于前方路段有紧急情况，他突然紧急制动，但由于制动车灯亮得不及时，后面的载货汽车未能及时制动，导致了严重的追尾事故，造成了两个家庭的惨剧。

而T车型的车尾灯采用LED光源，点亮速度可以比普通车型快0.6秒，从而可以为后车增加4～6米的制动距离。与张先生的车相比，T车型能够更好地保护行车者的安全。

此宣传广告将社会要素、功能要素和情感要素相结合，一经投放便在车展现场引发了不小的反响，T车型随之在当地得到了大量的关注，取得了不错的销量。

三、怎么卖

这个要素所要思考的是广告宣传的表现形式。在决定广告的表现形式时，主要应注意以下三点：

㊀ LED指发光二极管。

1）醒目感和吸引力，即广告宣传要有足够的引起意向客户兴趣的亮点。

2）参与性与体验感，让客户能够参与体验的宣传形式更具有吸引效力。

3）与产品价值呼应，广告宣传不但要有吸引力，还要凸显产品的价值感。

案例

某品牌4S店在某型新车上市之前一个月，在当地开展“猜车价送优惠”的活动，即在车价公布前，所有的意向客户都可以猜一个心目中的车价：如果所猜出的车价与公布的新车指导价相同，即可送价值10 000元的优惠大礼包；如果所猜出的车价与公布的新车指导价在1 000元的差距内，可获得价值3 000元的优惠大礼包；如果所猜出的车价与公布的新车指导价在3 000元的差距内，可获得价值1 000元的优惠大礼包。活动开展以来参与度很高，新车在上市前便积攒了大量的有效订单。

这一活动就是充分运用了悬念营销和体验营销策略，有效提高了客户的参与度与关注度，并且提升了有效来店量。

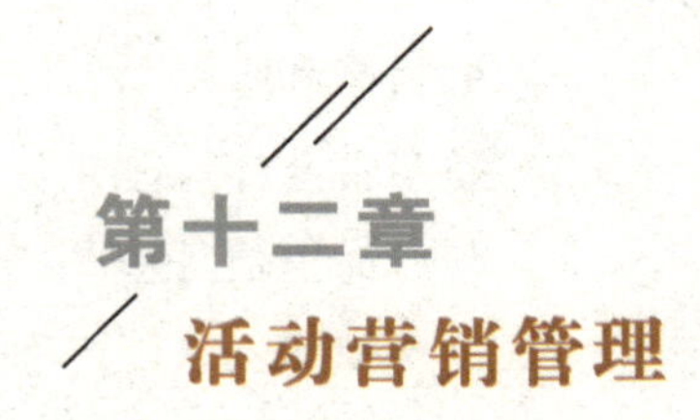

第十二章 活动营销管理

第一节　汽车4S店活动营销的特色及作用

在传统的汽车营销过程中，展厅销售是当前汽车4S店中最常见的销售模式，我们可以看到，一家4S店的发展需要规模的不断扩大，而规模的增长来自于客户的线索。传统展厅营销的主要线索即是客户的直接来店（电）。

4S店销售来店量就是通常说的“集客”，是最终成交的一个“盘子”，这个“盘子”做得越大，未来成交的数量越多。

来店量的持续提升是一项长期性、系统化的工程，需要各种方略的有机结合、相互补充和逐步推进。“集客”目标应以各阶段的销售任务为发起信号，结合销售成交率的经验值，由每年到每周进行倒推，量化而得出，由此，再将目标细化至各种渠道和方式。

然而近年来，随着经济形势、市场环境、政策的变化等，传统汽车行业展厅销售销量份额的比率在逐步降低。

市场的变化，决定着营销策略的变化，仅仅依靠传统的展厅营销已经难以维持汽车4S店有效的意向客户线索。

近年来，活动营销已越来越火爆，成为影响消费者购车的主要因素，其销售份额逐年增长。如何能够通过活动营销快速成交，已成为近年来各大汽车4S店研究的重要课题。

根据组织形式、参展目的和营销效果的不同，活动营销可以分为车展和店头活动两大类。由于组织形式的不同，各类活动营销所起到的效果也各不相同，图12－1所示从品牌贡献度和销售贡献度两大维度切入，分析了不同性质的活动营销所带来的不同营销效果。

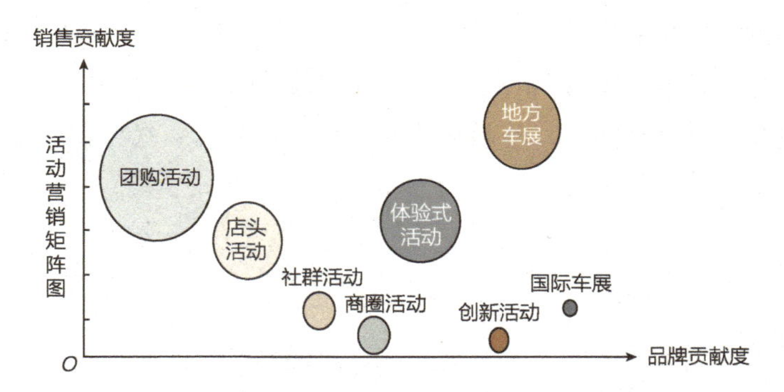

图 12-1 活动营销的品牌贡献和销售贡献矩阵图

对于汽车4S店而言，一次成功的车展可以为其带来巨大的效益。具体表现如下：

一、提升销量

在短时间内快速、大量地成交，是车展营销为经销商带来的最切实有效的利益。4S店可以在车展举办的短短几天内，做到成交量逼近展厅销售近一个月的订单量。同时，车展是一种借力营销，依靠主办方和主机厂的营销投入，以及现场观众自身烘托的气氛，车展可以充分促进客户与4S店展开互动，增加销售机会。

案 例

2018年3月，山东烟台某品牌汽车4S店的月销量为39台。4月，烟台地区将举办为期4天的规模盛大的地方车展，于是该4S店邀请王子璐老师到店进行车展辅导。在一系列的激励、培训、内促、外促等政策的配合下，在仅仅4天的烟台车展上，该4S店斩获113张订单，是上个月销量的近3倍。

二、增加意向客户

车展巨大的人流量，是快速寻找销售线索，搜集意向客户的绝好机会。

案 例

成都某汽车品牌4S店由于店面选址不佳，人流量稀少，日平均来店量仅为

6～7批次，月来店总数不超过200批次，全年来店量也仅在2 000批次左右。王子璐老师在该店调研时发现，该店2012年全年的销售量居然高达2 147台。据该店销售经理介绍，由于自身地理位置不可改变，于是该店采取“走出去”的战略，积极参与各类车展活动，每周举办巡展活动，其销售线索近三分之二来自车展和巡展活动。

三、消除客户疑虑

车展活动，尤其是体验式巡展活动，可以提升客户的参与性，通过活动的体验，可以更直观地解决意向客户的疑虑；同时，在活动过程中利用从众心理，可以加快客户成交的速度。

案例

近来，广东东莞的某日本品牌4S店销售经理发现，因为担心“安全因素”而流失的客户占了很大的比重。于是，该店与东莞其他7家该品牌的4S店，联合当地交通管理部门，举办了一场有关交通安全的主题活动。在活动现场，不仅模拟了车辆翻滚、碰撞等，还让客户参与体验，感受该品牌车辆的“安全性”。

这种亲身体验迅速打消了客户的疑虑，并把很多本已将购车目标转向其他品牌的意向客户重新拉了回来，大大提升了成交率。

四、清理超龄库存车

开展店头活动、巡展活动，可以通过包装的形式有效地清理滞销车和超龄库存车。

案例

王子璐是某汽车品牌4S店的总经理，他近来发现库内存有大量T车型的金色车即将面临超龄。为尽快清理库存，该店策划了一场以“黑金”为主题的店头活动。活动前，大量邀请该车型的意向客户到店。活动中，清空展厅内的其他车辆，而将14台金色的库存车全部摆入展厅；同时，每台车前站着一位身着黑色晚礼服的美女模特。整个展厅金碧辉煌、美轮美奂，迅速吸引了到场的客户，活动当天即收到11张订单。

五、增强员工信心

对于那些热情接待客户而销售技巧平平的员工，多给他们接待机会就是提高其销售业绩的机会，同时也是提升他们的信心的机会。平时，到店客户的数量有限，因此无法达到此类员工需要的接待量，而参与车展销售可以让他们大量地接待客户，从而增加他们的成交机会，帮他们提升信心。

六、鼓舞团队士气

一场车展的成功举办是整个销售团队共同努力的结果，从搭建展台到接待客户，再到最终成交，是全体销售团队共同努力和付出的结果。一场成功的车展可以大大增强销售团队的凝聚力，鼓舞团队的士气。

活动营销除了车展还有店头活动，店头活动是将展会现场设置在4S店或其他指定场所，通过销售顾问邀约的方式大量集客，在短时间内通过促销、闭馆销售等形式达到快速成交的目的。

店头活动可以看作是一个微型的车展。但是，店头活动的目的比车展更加单一，就是将大量的留存意向客户邀约到活动现场，快速促成订单。

第二节　汽车4S店活动营销的集客方法

活动营销的集客可以分为活动前的广告宣传集客、活动前的电话邀约集客、活动中的现场宣传集客三类。

一、活动前的广告宣传集客

活动营销要想聚集足够多的人气，就必须要有有效的广告宣传。而广告宣传要想做到精准与有效，则需要对客户来源进行分析。

1. 客户来源分析

（1）分析客户分布

要分析所在城市的客户分布情况，如图12－2所示。

（2）分析目标客户习惯

要分析目标客户的消费、购车、用车和关注媒体的习惯，如图12－3所示。

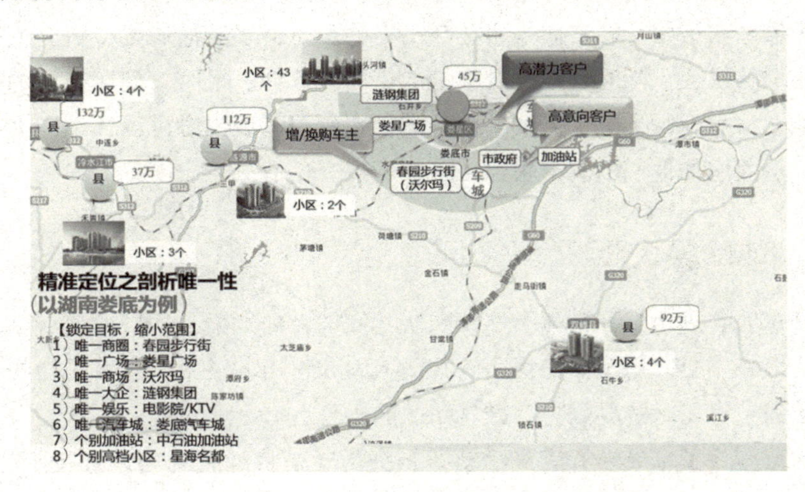

图12－2　某汽车品牌4S店的客户分布图

根据城市自身需求，从客户意向高低及消费、购车等习惯这两个维度着手，纵横定位目标，建立本地化、长效传播平台，进行全方位覆盖

市区	县城

高

电影院　商场　KTV　高档餐厅　公交车　小区　停车场　大企业　加油站　汽车城　赏车巴　二网

低

生活习惯（日常消费、娱乐、生活等）	用车习惯（日常上班用车、停车等）	购车习惯（决定购车前常去之处）

图12－3　客户习惯矩阵图

（3）分析车展购车客户

要对以往的车展购车客户进行分析。

主要分析以下三部分内容：

1）客户信息来源分析。客户信息来源分析，主要用以了解购车客户是通过

什么渠道了解到的活动信息，未来便可以在统计数量大的渠道上重点投放宣传广告，如图 12－4 所示。

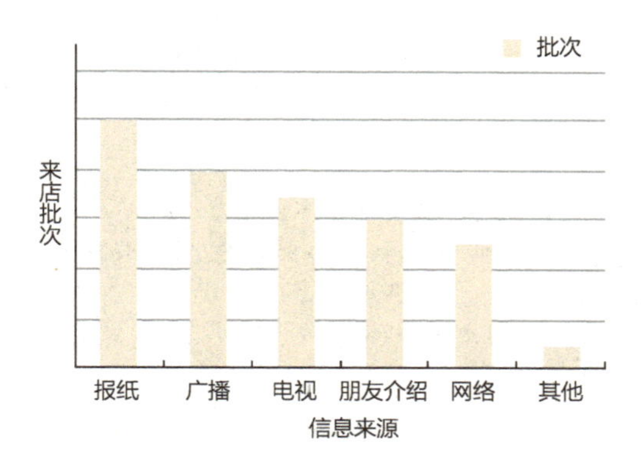

图 12－4　基于媒介的客户来源及形态分析图

2）客户意向车型分析。这一部分分析，主要用以了解购车客户主要关注的车型是哪些。未来在进行广告宣传的时候，可以针对重点车型加大促销力度，或针对弱势车型扩大宣传影响。

3）购车客户职业分析。这一部分分析，主要用以了解购车客户的职业，同时在这一部分分析中，还可以分车型进行分析。比如，关注 A 车型的客户，主要是国企职员、私营业主还是公司白领？未来在广告宣传的时候，可以根据不同的受众群体选择不同的广告媒体和宣传方式，如图 12－5 所示。

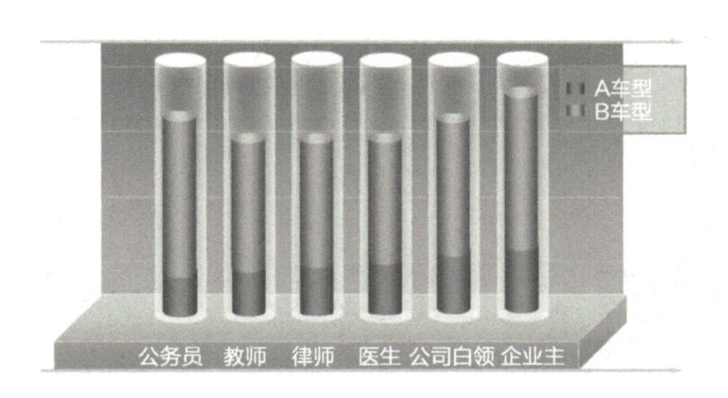

图 12－5　基于职业的客户来源及形态分析图

2. 媒体宣传

客户来源分析完成后，就可以选择合适的媒体及排期进行广告宣传了。不同媒体拥有不同的优、劣势，4S 店可根据当地的具体情况，选择适合自己的媒体组合。

常见的媒体平台特色与价值见表12－1～表12－4所示。

表12－1 用户生活习惯价值分析表（1）

平台包装	参考图	背 景	价 值
电影院合作		随着电影事业的不断壮大，大型电影院也在逐渐受大众欢迎 好电影会吸引一大批观众前来，而这批观众中有相当一部分为年轻一代，是消费主流人群	与电影院达成全年合作协议 争取电影开场短片及电影院内的长期灯箱位 结合专营店活动在电影院内做特色包装，多做信息露出 设立一个信息收集平台收集客户信息
商场包装		市区为日常人流消费集中地 在高档商场消费的人群的消费水平满足品牌需求，也是购车的意向客户人群 现场可销售的人较少	在商场（内/外）可设置一个长期位置展示车型 对场内广宣物料做每月促销信息包装更换 现场驻留销售提供销售服务 定时可加入售后/置换等特色内容
高档娱乐场所（KTV）		KTV是客户的日常娱乐去处，以年轻消费群体为主，也是主要的汽车消费群体 娱乐场所的互动性很强	选择人气好的KTV场所，预订主题包房，布置新颖，容易让人记忆深刻 与KTV合作活动，吸引客户到店，共享促销机制谐力销售

表12－2 用户生活习惯价值分析表（2）

平台包装	参考图	背 景	价 值
高档餐饮场所		朋友聚会或请客吃饭为主，聚餐是他们最常做的事情	选择人气旺的高档餐厅合作，打造一个长效的宣传平台 通过促销机制吸引顾客，顾客消费之后可获得到店礼包促成购买意向
公交车包装		公交车为主要交通代步工具 在主要的商圈均设置线路 是城市内的移动广告牌 大部分包装设计都比较传统，无法突破深刻的视觉记忆	通过特殊设计突出与其他公交车辆的差异化优势 对公交内外进行包装，让消费者在车内亦能获取品牌知识

表 12-3　用户用车习惯价值分析表

平台包装	参考图	背景	价值
停车场包装		市区汽车开始日益增多，停车位也开始略显紧张 在商业中心寻车位较难	在市区停车位集中的位置包装多个专属停车位 针对保有客户开展一系列关怀活动，体贴入微的品牌关怀升级客户忠诚度
加油站包装		车辆拥有量增长快，主要加油站的每日人流量也同样加大 每天可接受到5 000名左右的有车人士	对加油站进行系统包装，包括加油站内广告位、超市内布置、其他特殊布置等 针对保有客户建立机制，充分参与形成良好传播口碑
小区推广平台（包括大企业/单位）		市区内有多个高档小区，或是大客户集中的大型企业或单位，汽车品牌活动涉及较少	小区的传达率高，利用小区的大小宣传位置，结合物业本身的资源，让小区住户都参与进来，如能结合现场销售效果更佳

表 12-4　用户购车习惯价值分析表

平台包装	参考图	背景	价值
赏车巴		专营店位处偏僻，消费者到店困难 消费者到达专营店直接接触销售代表的介绍，弱化品牌	每周末设置专属巴士接送意向客户到店 于车上即开展品牌介绍及车型介绍 车上设置专人提供贴心服务
汽车城门头特装		汽车城主要街口的跨街位置为各大品牌传播必争之地 费用较户外大牌更低廉 各品牌对重新树立创新型传播标志的意识较薄弱	汽车城包装特殊，加深人们对品牌的印象 增加异型或其他特殊效果，增强关注 设置可更换信息板，方便专营店更换活动或促销信息，功能强大
二网包装		在县城，大型汽贸对当地汽车消费倾向具有决定性作用，已成为消费集中地	对二网进行品牌特殊包装 突出品牌车型及品牌知识宣传 引起消费者的关注

活动前的广告投放要遵循三个原则：

① 多种媒体形式广告组合投放。
② 线上、线下同时投放。
③ 展前、展中、展后选择不同的投放内容。

除此以外，广告投放还可以根据客户群体的不同来选择不同的内容和不同的投放形式。以DM[㊀]单发放为例，4S店可以为保有客户、意向客户、现场集客等不同的客户群体制作不同的DM单。

案例

根据三种不同的客户群体制作的DM单，如图12-6~图12-8所示。

图12-6 保有客户DM单

㊀ DM指直接投放。

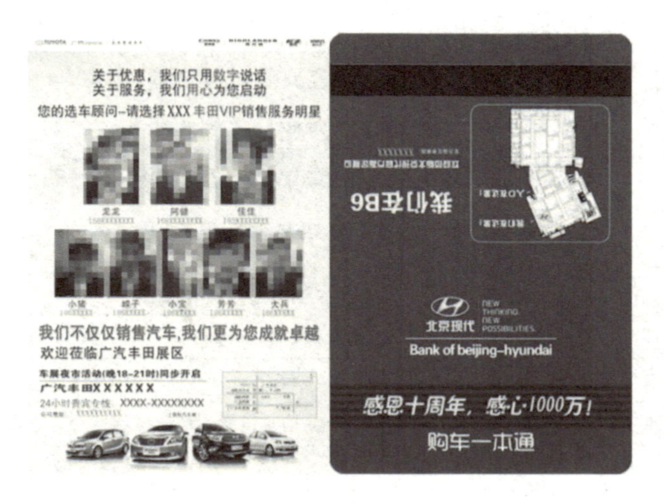

图 12－7 意向客户 DM 单

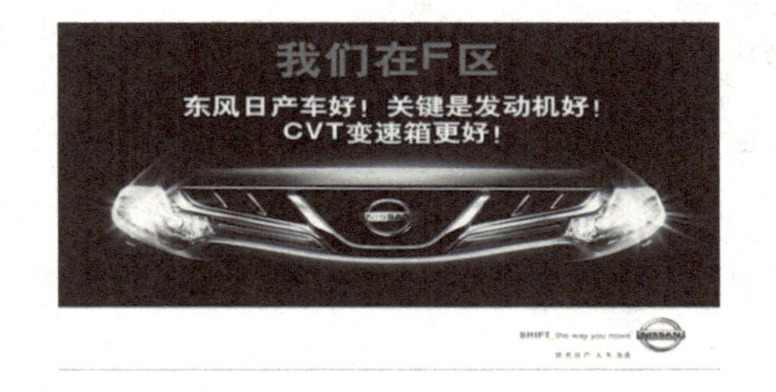

图 12－8 现场集客 DM 单

二、活动前的电话邀约集客

活动营销中，集客是成败的关键。对于经销而言，集客活动绝不仅仅是市场部门的工作，而是需要市场部门与销售部门共同合作完成。市场部通过广告宣传并吸引客户，销售部门则通过电话邀约完成集客。

要想成功地通过电话邀约集客，确保客户到场，可以通过以下三大方法来实现：

1. 六次邀约跟踪话术

如图 12－9～图 12－15 所示。

活动邀约：
保证每位客户6次跟进及最终确认：

图12－9 六次邀约跟踪话术——总图

第一次（N－5电话邀约）				
销售顾问：	"先生/女士"，您好，我是您的销售顾问子璐			
目标客户：	你好			
销售顾问：	我们本周将举办一场×××活动，特意邀请您，您是否愿意参加？			
目标客户：	愿意	不确定	不参加	
销售顾问：	好的，那我明后天再与您联系，通知您活动具体的安排，可以吗？	那我明后天再与您确认一下	××先生，上次咱们见面子璐记得您，说您是……这次活动，子璐本是想推荐您做特约嘉宾，我先给您报个名，实在没时间再说，只要您来，子璐就送您价值伍百元的精美大礼包一份，并且可以尽情享用餐点，您看好吗？	
目标客户：		好的，再见	我看时间吧	真的没时间
销售顾问：			那我明后天再与您确认一下	好的，感谢您对××品牌的关注，以后有活动再联系您，再见
目标客户：				
销售顾问：				
目标客户：				

图12－10 六次邀约跟踪话术——第一次

第二次（N－4上午短信/微信邀约）			
客户	参加客户	待定客户	不参加客户
销售顾问	您好，我是您的销售顾问子璐，昨天刚刚跟您通的电话，我们的活动我已给您报上名了，恭迎您的到来，收到请您回复	您好，我是您的销售顾问子璐，昨天刚刚跟您通的电话，我们的活动，所有产品都将是史无前例的价格。错过这次，还要等2年，真的不想让您错过这么难得的机会！收到请回复	与待定客户相同

图12－11 六次邀约跟踪话术——第二次

<table>
<tr><th colspan="5">第三次（N－3 下午电话邀约）</th></tr>
<tr><td>销售顾问：</td><td colspan="4">“先生/女士”，您好，我是您的销售顾问子璐</td></tr>
<tr><td>客户：</td><td colspan="4">你好</td></tr>
<tr><td>销售顾问：</td><td colspan="4">您好，昨天刚刚给您发的短信/微信，活动时间已经定下来了，是这个星期六，现在跟您确认一下您是否能参加，以便于我们为您安排座位及礼品</td></tr>
<tr><td>客户：</td><td>参加</td><td>不确定</td><td colspan="2">有事，去不了</td></tr>
<tr><td>销售顾问：</td><td>好，我记下了，周五我会再与您确认一下您到场的时间和人数，谢谢您，再见</td><td>那我先给您报个名，参加不参加再说。但是我不想让您错过这次千载难逢的机会</td><td colspan="2">哦，那真的是太可惜了，因为，这样的活动2年才组织一次，错过了这次还要等2年，真的不希望您错过。我们在现场还为您准备了美味的冷餐和精彩的表演，就算您不买，您也可以过来看看，这次活动所有产品可都是吐血价，并且设立了多重大奖！史无前例啊</td></tr>
<tr><td>客户：</td><td></td><td>好，再见</td><td>我考虑考虑，能抽出时间就去参加</td><td>的确参加不了……</td></tr>
<tr><td>销售顾问：</td><td></td><td></td><td>那我先给您报个名，参加不参加再说，但是我不想让您错过这次千载难逢的机会</td><td>好的，感谢您对我们品牌的关注，以后再联系，再见</td></tr>
<tr><td>客户：</td><td></td><td></td><td>好，再见</td><td>再见</td></tr>
<tr><td>销售顾问：</td><td></td><td></td><td></td><td></td></tr>
<tr><td>客户：</td><td></td><td></td><td></td><td></td></tr>
</table>

图 12－12　六次邀约跟踪话术——第三次

<table>
<tr><th colspan="4">第四次（N－2 上午短信/微信邀约）</th></tr>
<tr><td>客户</td><td>参加客户</td><td>待定客户</td><td>不参加客户</td></tr>
<tr><td>销售顾问</td><td>您好，我是您的销售顾问子璐，活动具体时间和地点已经确定下来了，星期六上午10点在××会展中心，收到请回复</td><td>我是您的销售顾问子璐，活动具体时间和地点已经确定下来了，星期六上午10点在××会展中心，活动那天其他特约嘉宾都能准时来店，真心希望您能来我们店担任咱们这次活动的嘉宾，收到请回复</td><td>与待定客户相同</td></tr>
</table>

图 12－13　六次邀约跟踪话术——第四次

<table>
<tr><th colspan="6">第五次（N－1电话邀约）</th></tr>
<tr><td>销售顾问：</td><td colspan="5">“先生/女士”，您好，我是您的销售顾问子璐</td></tr>
<tr><td>客户：</td><td colspan="5">你好</td></tr>
<tr><td rowspan="2">销售顾问：</td><td colspan="5">天气预报晴天：前天我跟您通过电话了，我们这次活动定在明天上午10点准时开始，我尽快跟您确定一下与您一起前来的人数</td></tr>
<tr><td colspan="5">天气预报下雨/下雪/大风：我们的活动照常进行。您放心，下雨也挡不住我们做这次××活动的火热的心。这样的活动2年才组织一次，错过了这次还要等2年，真的不希望您错过！跟您确定一下与您一起来的人数</td></tr>
<tr><td>客户：</td><td>参加客户</td><td colspan="2">待定客户</td><td colspan="2">不参加客户</td></tr>
<tr><td>销售顾问：</td><td>好的，提醒您一下：请在10点前到现场，一定不要迟到。如果下订，请带好订金，现场也可以刷卡，订金量至少是××××元</td><td colspan="2">今天的活动力度真的很大，希望您到时来参与，到现场有礼品相送，交订金更有神秘大礼。别错过这个机会</td><td colspan="2">与待定客户相同</td></tr>
<tr><td>客户：</td><td>好的</td><td>好的</td><td>没时间</td><td>好的</td><td>实在没时间</td></tr>
<tr><td>销售顾问：</td><td colspan="2">说好了，到时不见不散</td><td>好的，感谢您对××品牌的关注，以后再联系，再见</td><td>到时不见不散</td><td>好的，感谢您对××品牌的关注，以后再联系，再见</td></tr>
<tr><td>客户：</td><td colspan="2">再见</td><td>再见</td><td colspan="2"></td></tr>
</table>

图12－14　六次邀约跟踪话术——第五次

<table>
<tr><th colspan="4">第六次（N－1短信/微信邀约）</th></tr>
<tr><td>客户</td><td>参加客户</td><td>待定客户</td><td>不参加客户</td></tr>
<tr><td>销售顾问</td><td>您好，我是您的销售顾问子璐，明天上午10点××地点集合，“一言为定，不见不散”。（收到请回复）</td><td>您好，我是您的销售顾问子璐。如果您能抽出时间参加，明天上午10点××地点集合，收到请回复</td><td>与待定客户相同</td></tr>
</table>

图12－15　六次邀约跟踪话术——第六次

2. 使用“邀约客户评估表”（见表12－5）

表 12－5 邀约客户评估表

销售顾问	邀约时间	邀约客户总量					邀约成效				
		总量	H 级	A 级	B 级	C 级	同意	待定	不同意	战败率	
拒绝或犹豫原因											
失败客户姓名	联系方式	客户因素				产品因素					其他因素
		没时间	已经买车	天气热/冷	不感兴趣	外观	配置	价格	空间	能耗	

注：1. 含三个月内的战败失控客户。

2. 邀约销售顾问每日开始邀约时持此表，根据一天的邀约状况详细填写此表，每日午后四点交予销售经理，销售经理汇总各个销售顾问状况，根据当天的邀约情况，在下班前进行邀约问题培训，并安排第二天的邀约计划。

3. 使用“预计到场客户明细表”（见表 12－6）

表 12－6 预计到场客户明细表

销售顾问：													
序号	确定或待定	客户姓名	联系电话	初洽日期	确度	预购车型	成交预判%	客户信息摘要	成交应对提示信息	是否到达	是否订车	订购车型	未到场/未订车原因
1													
2													
3													
4													
5													
6													
7													
8													
9													

注：1. 本表在第三轮邀约时开始填写：将确定/待定参加客户的信息录入本表（范围：确定 or 待定－客户信息摘要）；

2. 签到开始 1 小时前，依据本表信息对邀约客户进行到店跟催；

3. 客户到店签到时，依据客户签到表填写“是否到店”项；签到结束前 10 分钟针对未到店客户再次跟催确认；

4. 活动进行时，及时将已订车信息录入“是否订车”、“订购车型”项中，同时做好未订车客户的签单促进；

5. 活动结束后，整理填写“未到场/未订车原因”并结合本表各项记录数据做好活动总结。

三、活动中的现场宣传集客

一场大型的车展活动会有近百品牌数千家经销商参展，客户在哪个展位停留，哪个经销商就获得了更多的成交机会。因此，在车展这个没有硝烟的战场上，各个主机厂和经销商都想尽办法地屡出绝招，聚集现场人气。

1. 借助媒体

车展现场的观众数量是一定的，而要让更多的消费者了解本品牌，最好的办法就是借助媒体的力量。因此，每逢国内的大型车展，各大汽车厂家都会暗地里展开一场媒体争夺战。争夺的方式很简单，就是邀请国内有影响力的主流媒体的记者参加车展，被邀请的记者将全程参加该厂家在车展期间举办的各种活动，并撰写相关报道。

由于汽车厂家众多，许多汽车记者经常会收到多个汽车厂家的车展邀请，有的厂家为了邀请到在业内较有影响力的记者参加自己的活动，往往会提前一个多月就发出邀请。有的厂家则选择在车展开幕前一两天举办新车发布会或新闻发布会，以错开车展媒体日上其他厂家的活动，以吸引更多的记者参加。

厂家出面邀请媒体参加车展，最直接的目的就是让媒体多报道自己参加车展新闻。此外还带有媒体公关的目的，以密切和媒体记者的关系。因此，在大型车展期间，许多厂家都会举办大型的媒体晚宴。

2. 展车的摆放

吸引人气的展车主要分两类：一类是概念车，一类是新车。

概念车是本时代的最新汽车科技成果，代表着未来汽车的发展方向，因此，它展示的作用和意义很大，能够给人以启发并促进相互借鉴和学习。因为概念车有超前的构思，体现了独特的创意，并应用了最新的科技成果，所以它的鉴赏价值极高。

世界各大汽车公司都不惜巨资研制概念车，并在国际汽车展上亮相。这一方面是为了了解消费者对概念车的反应，从而继续改进；另一方面也是为了向公众显示本公司的技术进步，从而提高自身形象。概念车是汽车中内容最丰富、最深刻、最前卫、最能代表世界汽车科技发展水平和设计水平的汽车。概念车的展示，是各大汽车公司借以展示自身科技实力和设计观念的最重要的方式，因此概念车也是艺术性最强、最具吸引力的汽车。

车展没有新车，也就等于没有亮点。国际五大车展之所以广受关注，一个重要的原因就是会发布许多新车。国内的五大车展，厂家基本也都会展出一些没有公开亮相的新车。

3. 汽车模特

香车美女，这是许多观众对于车展最直观的感受。汽车是冰冷的钢铁，和温柔的美女正好，形成和谐的统一。

汽车模特和汽车相伴，展示的是品牌形象，因此每个厂家都会精心挑选模特，并为她们设计统一的外形及服装风格：豪华轿车的模特气质高雅，家庭轿车的模特极富亲和力，SUV 的模特则充满动感和野性。

4. 制造新闻事件

在车展期间积极运作新闻事件，以吸引媒体和公众的眼球，这也是一些厂家的惯用手法之一。比如，有的企业在车展现场举办新车拍卖活动，有的请名人到场揭幕，等等。

5. 展台位置及表演

展台是观众感受并体验汽车品牌文化的最直观场所，每个厂家在展台布置上都费尽心机，力求与众不同，形成自己独立的风格。

现场表演也是吸引人气的重要手法。在车展期间，厂家一般都会聘请模特或演员定时在展台上表演，舞蹈、歌唱、武术、模特秀……形式丰富。

现场表演环节需要值得关注的是，很多展台在表演过程中往往客流量很大，一旦表演结束，观众便一哄而散，又赶到其他品牌的展区去观看表演了。对于这种情况，就要求表演具有一定的互动性，能让观众参与进来。比如在表演完毕后，主持人与观众互动，请观众进入展区，再由销售顾问分别接触客户。

6. 派发礼品资料

为了吸引观众，并宣传自身形象，几乎所有的汽车厂家在车展上都会派发一些小礼品或者产品宣传资料。在国内一些大型车展上，经常会看到许多观众在展台前排队领资料，或者拎着厂家的广告礼品袋到处转。

一个不可忽视的问题是，其实许多观众还没离开展场就把一些资料给扔掉，只留下礼品，这会造成大量浪费。这类观众对于厂家展出了什么车型并不关心，客观上也影响到车展的宣传效果。因此，在派发礼品的选择上，4S店需要细致考虑，使得派发出去的礼品有效地达到聚集客户的效果。

比如：

1）派发气球上印上广告。把气球发给场内的小朋友，高高飘在头上，形成一道风景，可以让在场的观展客户都有机会看到。

2）派发瓶装水，并在水瓶上印有广告。车展现场很多客户都面临着“喝水难”“喝水贵”的问题，派发瓶装水，无论客户把瓶子拿到哪里，其他客户都可以知道“××品牌有水派发”，自然地达到宣传的效果。

7. 广告宣传人员场内指引

由于车展的展场非常大，客户未必能走遍，因而可以安排广告宣传人员在场内通过发放DM单、小礼品等形式进行指引，这也是非常有效的集客形式。

广告宣传人员需要有一定效果的包装，才能更好地吸引客户的眼球。比如，在场内穿行的乐队，让宣传人员穿上卡通形象的衣服等。

案 例

王子璐是威海市某品牌汽车经销商的总经理。在为期四天的威海车展上，王子璐发现，在第一天和第二天，车展总体的观展人流量很大，但本品牌的展位前聚集的客户却寥寥无几。究其原因，原来是展位过于偏僻，观众留意不到。

车展第三天，王子璐果断安排了十位广告宣传人员，让他们身着不同形象的卡通服装，从车展正门口依次排开至展台附近。每位宣传人员手持指示牌“欢迎光临×××品牌展区”。同时，每位广告宣传人员都向现场路过的客户赠送与自己身着形象相同的卡通贴纸，并告知客户，集齐十款贴纸后可到品牌站台前免费领取一份精美礼品。

通过如此宣传，该品牌展台在车展的后两天熙熙攘攘，好不热闹。

8. 名人访谈

和新车、概念车一样，汽车界的名人同样是媒体记者追逐的目标。而接受媒体专访，既是企业和媒体进行沟通的最有效方式，又可以让受邀专访的记者生起一种特殊荣誉感。

车展期间，一些电视台和网络媒体也会在现场搭建直播室，并邀请汽车界名人前往直播室接受采访，并与网友聊天。这种专访方式互动性强，而且图文并茂，受到一些汽车厂家的欢迎。此外，每逢大型车展，组委会都会举办汽车高峰论坛，邀请一些汽车厂家的老总做主题发言，这也是他们在媒体上亮相的最佳场合。

第三节　汽车 4S 店活动营销的留资方法

现场人气的聚集可以为活动营销的成交打下基础，但不可忽视的是，现在有不少看车展的观众都是去看表演、拿奖品的，很少关注汽车本身。甚至有些观众在车展上完全就是不知疲倦地搜集礼品。因此，活动营销还需要能够有效地搜集意向客户的信息。

搜集意向客户信息一方面是为了在活动现场成交，另一方面也是为活动后进一步跟踪未能在现场成交的客户留下线索。

活动营销过程中常见的搜集意向客户线索的方式有以下几种：

1. 专人专岗搜集资料

车展现场，很多 4S 店专门聘请一些兼职的人员，他们手持 iPad，徘徊在展台的周围，向驻足观展或路过的客户询问基本资料和联系方式。这样全面撒网信息量大，专人专岗可以让销售顾问更集中于销售。但是，专人搜集会让客户产生较强的抵触心理。因此，专人专岗搜集资料还需要配合有效的话术，以降低客户的抵触心。

2. 客户资料换礼品

车展现场，在向到场客户派发礼品的同时要求客户留有资料。这样既满足了资料的搜集要求，又增强了礼品派发的有效性。

3. 试乘试驾

试车是4S店与消费者之间最直接的沟通方式。能在现场试乘试驾，无疑是许多潜在客户的期望。通过试驾活动，能让媒体、4S店和消费者对产品有深入的了解和感受。同时在试乘试驾的前后，都是留存客户资料的好机会。

4. 活动参与

车展现场各大品牌往往会有很多客户体验的活动。比如，模拟驾驶、安全体验、知识问答等，可以在客户参与活动的同时以一些巧妙的形式留存客户的资料。

5. 扫描二维码

自媒体已经越来越深入大众的生活了。通过扫描二维码获取信息也成了一种流行的方式。通过让客户扫描二维码，去获得潜在意向客户的线索，也是非常有效的方式之一。

6. 免费Wi-Fi

在当今移动互联时代，无线网络已成为大众不可缺少的服务设施。通过提供免费的无线网络，请客户通过手机短信进行认证，可以有效收集客户的信息资料。

第四节 汽车4S店活动营销的促销方法

对于4S店而言，活动营销的核心就是在现场促使客户下定，因此，合理地使用促销方案是十分重要的因素。

一、4S店常用的促销方法

汽车4S店中常用的促销方法主要有以下几种：

1. 降价法

降价法就是通过车价的让利优惠达到促销的作用，这也是最简单和最直接的促销方式。

2. 赠品法

赠品法是指不通过直接降价，而通过赠送精品、保养、油卡等形式给消费者变相让利，以达到促销的作用。由于赠品的价值即为展厅精品的销售价格，是“成本 + 利润”的体现，所以与直接降价相比，赠品法可以让消费者感觉让利幅度更大，同时可以促进展厅精品的销售。

3. 抽奖法

抽奖法是指通过抽奖的形式为购车客户实现让利或赠送赠品。采用抽奖的形式不仅可以提升活动的参与性与趣味性，而且“大奖”往往对消费者有着更大的吸引力。

4. 套餐法

套餐法是指不针对整车直接降价，而是将整车与精品加装或保养服务相组合，以“套餐”的形式提供一套整体的优惠方案。采用套餐法的好处：第一，相对于直接降价，“套餐”减少了消费者进一步讨价还价的余地；第二，比起直接降价，“套餐”显得更有吸引力，让消费者感觉不仅车价优惠了，精品也得到了优惠；第三，“套餐”的形式不仅促进了整车的销售，同时也实现了精品的销售。

案例

销售顾问往往最不愿应付的就是客户的讨价还价。客户到展厅看车，与销售顾问的对话通常是这样的：

客户：这款车多少钱？

销售顾问：199 800 元。

客户：有优惠吗？

销售顾问：现在活动期间可以优惠 3 000 元现金。

客户：优惠太少了，优惠 5 000 元行吗？

销售顾问：……

针对这一问题，某 4S 店在促销活动期间将直接降价优惠取消，转而采用套餐优惠方案。这样客户讨价还价的余地就减少了：

客户：这款车多少钱？

销售顾问：199 800元。

客户：有优惠吗？

销售顾问：现在活动期间我们有两种套餐优惠形式：一种是夏日清凉套餐，新车配备价值5 000元的原厂贴膜一套，价值2 600元的原厂座椅套，价值988元的原厂脚垫一套，套餐价是202 888元；另一种是至尊安全套餐，新车配备价值13 800元的4G导航，价值988元底盘装甲，套餐价是208 888元。您看选哪款套餐呢？

客户：……

消费者一般很难在套餐的基础上很快提出讨价还价的方案。

5. 特价车

特价车是指针对库存时间过长或加装精品套餐的某单台车辆，展开大幅度的让价促销。特价车促销方案可以帮助4S店更快速地消化库存车辆，降低库存成本。同时，利用特价车的营销，可以达到吸引客户眼球的效果。在开展特价车促销方案时，结合促销提成的内部绩效政策，可以有更明显的效果。

二、制造客户心理的方式

要使客户在活动上快速下定，在使用促销策略时就必须制造一种客户心理：“**现在买比之后买会有更大的利益**”。可以通过以下几个方式来制造这种客户心理：

1. 互惠心理

互惠心理是指人们会尽量以相同的方式报答他人为我们所做的一切，受惠于人，如同芒刺在身。互惠原理具有压倒性的力量，在它的影响下，人们会轻易答应那种没有负罪心理时一定会拒绝的请求。

因此，活动营销中的小礼品量要多，不要吝惜发放。礼品不仅限于订车客户，还可以推出来展礼、问卷调查礼、试驾礼、置换礼、下定礼、保有客户推荐礼、每日抽奖礼等一系列的礼品。尤其是在成交的关键环节，要设置足够有吸引力的礼品。

2. 气氛营造

人们都会不时地欺骗自己，好让自己的想法与已经做出的决定和采取行动一致。让已订车的客户在车展现场敲鼓或拍照留念，每当有人订车都会将整场的气氛推向高潮，促使其他客户下定，同时会鼓舞士气，打击竞争对手。

由于司仪的渲染，客户参与敲鼓的动作等于向公众承诺自己已经订车，一旦人们做出了某个决定，就会面对来自个人和外部的压力迫使自己的言行与它保持一致，所以敲鼓这个动作还能有效降低客户展后退订。

3. 社会认同

人们进行是非判断的标准之一就是看别人怎么想的，尤其是当人们判定什么是正确行为的时候。

社会认同的作用取决于两个条件：一个是购买前景的不确定性，人们在不够肯定的时候，就容易快速接受他人的行为，追随他人的行为；第二个是近似性，人们愿意采用与他人近似的行为，人的行为有追随的倾向。

在活动现场设置购车风云榜，可以给订车客户一种“争先”的心理暗示，同时对未下订单的客户起到很好的提升认同感的作用。风云榜上的订单越多，客户的认同感就会越强，就会越来越刺激并吸引后面的客户继续下订单。

4. 权威效应

具有独立思考的成年人也会为了服从权威的命令而做出一些完全丧失理智的事情。常见的三种典型权威象征为：头衔、衣着、外部标志。

活动现场可以利用 LED 屏，用播放品牌宣传片等形式，增加权威认同感，继而刺激客户下订单。

5. 短缺原理

机会越少，价值就越高，害怕失去某种东西的想法，比希望得到同等价值东西的想法对人们的刺激作用更大。

活动现场用看板展示现车订车的标识，订一台就标识一台，以此强化客户的短缺心理，促使其现场订车。同时，可以设置优惠倒计时和主持人报时，制造车源短缺的紧张气氛，促进现场下单。

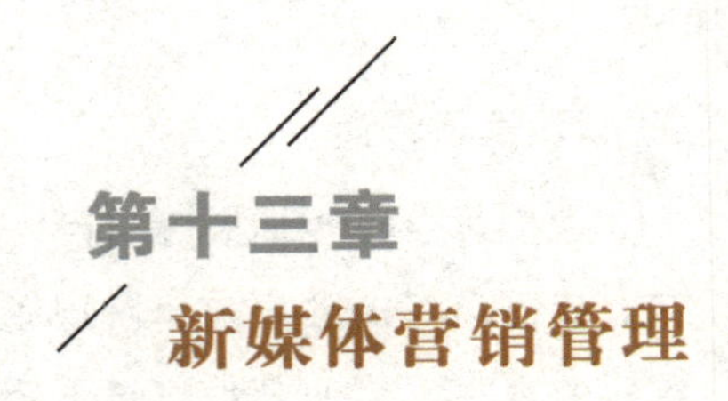

第十三章 新媒体营销管理

第一节　汽车 4S 店新媒体营销的发展

汽车 4S 店要通过新媒体进行营销，首先要了解新媒体营销的基本形式。

一、新媒体营销形式

新媒体营销发展至今，常见的有以下 12 种营销形式：

1. 搜索引擎营销

搜索引擎营销是基于搜索结果的搜索引擎推广，因为很多是免费的，因此受到众多中小企业的重视，搜索引擎营销方法也由此成为新媒体营销方法体系的主要组成部分。

搜索引擎营销主要方法包括：竞价排名、分类目录、搜索引擎登录、付费搜索引擎广告、关键词广告、搜索引擎优化（搜索引擎自然排名）、地址栏搜索、网站链接策略等。个人可以把搜索引擎与自己所建立的网络门户相互关联，如博客、微博等，以增加访问量、知名度和关注度。

2. 即时通信营销

即时通信营销是通过即时工具帮助企业推广产品和品牌的一种手段，比如微信。常用的主要有两种情况：

第一，在线交流。

第二，发布一些产品信息、促销信息或者品牌理念，等等。

3. 微博营销

微博营销是通过微博接触微博作者和浏览者，利用微博作者个人的知识、兴趣和生活体验等传播品牌理念和产品信息的营销活动。微博营销通过原创的专业化内容进行知识分享，争夺话语权，建立起个人品牌，树立自己“意见领袖”的身份，进而影响读者和消费者的思维和购买行为。

4. 朋友圈营销

朋友圈营销常常用于产品推广、品牌推广等。朋友圈营销利用的是用户口碑传播的原理，在互联网上这种“口碑传播”更为方便，可以像病毒一样迅速蔓延，因此朋友圈营销是一种高效的信息传播方式；而且由于这种传播是用户之间自发进行的，因此几乎不需要费用。

很多品牌也会利用转发产品信息即可获得礼品或者抽奖机会，来达到让更多人了解和关注产品的目的。

5. 聊天群组营销

聊天群组营销是即时通信工具的延伸，是利用各种即时聊天软件中的群功能展开营销，比如微信群和 QQ 群。

聊天群组营销时借用即时通信工具成本低，具备即时效果和互动效果强的特点，被广为采用。它是通过发布一些文字、图片等方式传播品牌、产品和服务的信息，从而让目标客户更加深刻地了解产品和服务，最终达到宣传品牌、产品和服务的目的，是一种加深市场认知度的网络营销活动。

6. 网络知识性营销

网络知识性营销是利用知乎、百度知道、百度百科、新浪爱问等平台，通过提问与解答的方式来传播品牌、产品和服务的信息。进行网络知识性营销主要是为了扩展客户的知识层面，让客户体验到企业和销售人员个人的专业水平和高质量服务，从而对公司和销售人员个人产生信赖和认可，最终达到宣传品牌、产品和服务的目的。

7. 网络事件营销

网络事件营销是企业精心策划和实施的，可以让公众直接参与并享受乐趣的事件，目的是吸引或转移公众注意力，改善并增进与公众的关系，塑造企业的良好形象。目前，一些企业在全国范围内开展的客户节、寻找有缘人等活动都属于成功的网络事件营销案例。

8. 短视频营销

短视频营销是指企业或营销人员通过“抖音”“快手”等平台，将各种视频短片上传到互联网上，宣传品牌、产品以及服务信息的营销手段。

9. 软文营销

软文营销，又叫网络新闻营销，是指通过门户网站或行业网站等平台传播一些具有专业性、新闻性和宣传性的文章，包括新闻通稿、深度报道分析等，把公司的品牌、人物、产品、服务、活动项目等相关信息以新闻报道的方式，及时、全面、有效地向社会公众进行广泛传播，是一种新型营销方式。

10. 论坛营销

论坛营销，就是利用论坛这种网络交流平台，通过文字、图片、视频等方式传播企业的品牌、产品和服务信息，从而让目标客户更加深刻地了解企业的产品和服务，最终达到宣传公司品牌、产品和服务，加深市场认知度的效果。

论坛营销利用论坛的人气，通过专业的策划、撰写、发放、答疑、监测、汇报等流程，在论坛空间利用论坛强大的聚众能力实施高效传播，传播方式包括各种置顶帖、普通帖、连环帖、论战帖、多图帖、视频帖等方式。还可以将论坛作为平台举办各类活动，调动网友与品牌之间的互动，达到品牌传播和产品销售的目的。

二、汽车行业新媒体营销发展阶段

汽车行业新媒体营销发展将主要经历五个阶段：

1. 第一阶段：试探期

作用：辅助品牌推广。

营销模式：门户等大媒体。

在网络媒体产生后的一段时期内，传统广告主对新媒体的认可程度还比较低。门户与传统媒体有很大相似性，被用来作为传统媒体之外的辅助品牌推广手段。本阶段意在新媒体的影响力，所以投放规模较小、比例很低。

2. 第二阶段：新生期

作用：成为品牌推广的重要渠道。

营销模式：门户、汽车网站、其他垂直媒体网站。

厂商开始认识到门户网站，尤其是垂直汽车网站在网民购买行为中的影响力，并将其作为重要的品牌推广渠道。此阶段投放比例较之前有所提高，营销方式也开始多样化，但还是没有能充分利用新媒体。

3. 第三阶段：成长期

作用：塑造品牌与推进销售。

营销模式：门户、汽车网站、其他垂直媒体网站、搜索、微博。

厂商对于新媒体的传播快速、精准等特性熟悉度加深，采用的新媒体种类增加，从以塑造品牌形象为主，向销售推广、用户关系维护等方面推进，投放规模加大，并且厂商乐于尝试各种软文营销方法。

4. 第四阶段：成熟期

作用：广泛的销售应用。

营销模式：门户、汽车网站、其他垂直媒体网站、搜索、微博、微信、直播、短视频、VR、AR、AI 等。

对新媒体的发展了解更多，之前的一些疑惑也被扫除了。在本阶段，厂商能够熟练地使用新媒体进行营销，并且更加向销售倾斜，并能利用新媒体实现对用户的关系维护，衍生品的营销开展也比较顺利。

5. 第五阶段：突破期

作用：寻求更有效的推广。

营销模式：原有媒体的新营销方式或者更新的媒体。

新媒体变化之快常常令厂商无所适从，原本熟悉的媒体可能会出现新的变化，甚至被新的媒体所取代。厂商一方面需要了解新的营销方式，一方面亦在寻求更有效的推广。这个阶段常常会提前来到。

目前，汽车行业新媒体营销正处在第三阶段向第四阶段的过渡时期。现阶段，在投放新媒体广告时，企业十分注重所投放媒体的品牌价值与自身品牌的匹配性，一段以大媒体为主导，辅以中小媒体扩大渗透。随着“微信”“抖音”的崛起，门户和汽车网站渠道的下沉等，汽车行业开始关注互联网精准的特性，并在一般的展示广告之外尝试精准化的营销。新媒体的互动特性亦被汽车行业所了解，通过线上线下的结合，吸引受众群体参加试驾活动或者到店，会有更好的效果。

第二节 汽车4S店新媒体营销的应用

伴随着新媒体营销时代的到来，汽车市场正逐渐由卖方市场向买方市场转变，汽车行业的传统营销方式正受到由新媒体发展带来的无障碍式沟通的空前挑战。传统汽车营销模式的市场份额的下滑越来越显著，越来越多的汽车企业认识到，仅仅依靠传统的汽车营销手段将无法面对日益激烈的汽车市场竞争需要，也意识到了新媒体营销在推动汽车营销中的重要作用，纷纷投入资源到新媒体营销当中，努力在新媒体营销中有所斩获，并将之视为获得未来营销竞争优势的主要途径。

汽车新媒体营销和传统的4S店销售有很大的不同。因为传统的4S店销售店与店之间的销量差异一般都和地理位置、开业时间、基盘保有量等客观因素息息相关。一个好的地理位置带来的销量很有可能就成为竞争对手一道无法逾越的屏障。而对于新媒体营销来讲，这些差异都不是问题了。新媒体营销，让所有的品牌和商家处在同一起跑线上，没有了地理位置的优劣，没有了基盘保有量的高低，更没有先入为主的开业时间，一切都回归到了原生态的竞争环境当中。

传统的展厅营销，客户的购买媒介是单一的，即客户到店、成交。而随着新媒体营销时代的到来，客户在购车过程中对于媒介的选择模式开始不断增多。

客户购车媒介的增加，可以为汽车4S店带来两个巨大的价值：

1. 多维度了解客户信息与需求

传统的购车行为，4S 店只能从客户留有的资料掌握客户信息，了解客户需求。而通过互联网营销，4S 店可以根据客户在互联网上的浏览与搜索行为，了解更多的客户信息。

2. 增加意向客户线索量

传统的展厅营销，到店客户会流失很大一部分，无法管控。而通过新媒体营销模式，可以更好地管控客户，增加意向客户线索。

汽车新媒体营销主要有以下优势：

1. 以人为本，真正做到以消费者为中心

在汽车市场竞争日趋激烈的今天，企业比以往任何时候都更重视了解自己的客户是谁，客户需要什么样的产品等顾客需求信息。与此同时，网络技术为汽车企业建立其客户档案，与客户充分讨论其个性化需求，也为客户关系管理带来了很大方便，给予消费者前所未有的参与和选择自由，极大地强化了消费者的核心地位。

2. 实现了与客户的沟通

汽车消费属于大宗消费，虽然无法在短期内做到网上看货、订货、成交、支付等，但是网络至少能充分发挥企业与客户交流方便的优势。企业可以利用网络为客户提供个性化的服务，使客户真正得到自己希望的使用价值及额外的消费价值。新媒体营销以企业和客户之间的深度沟通及企业获得消费者的深度认同为目标，满足客户的显性和隐性的需求，是一种新型的、互动的、更加人性化的营销模式，能迅速拉近消费者与企业的情感距离。它通过大量的、人性化的沟通工作，树立良好的企业形象，使产品品牌对客户的吸引力逐渐增强，从而实现客户由沟通到购买的转变。

3. 营销宣传形式多样、内容丰富

除了购车消费，汽车的消费可以延伸到维修、养护、美容、配件、保险、信贷等方面，这就使消费者在有所需求的时候，可以很方便地登录网络站点，享受网络平台提供的各种资讯和服务。另一方面，网络广告可以利用文字、声音、图像、动画等多种手段，将产品全面、真实地介绍给网络用户。

4. 降低成本，提高效率，效果易于评估

网络广告与传统广告相比，具有很明显的成本优势，成本只有传统方式的二十分之一。而且随着汽车项目的不断开发，传统广告上的汽车广告日益增多，形式过于单调，人们对每个广告的关注度日益下降。新媒体则通过运用三维展示、电子地图、语音解说等多媒体技术向购车者展示项目的所有信息，信息量大而翔实，不受时空限制，让购车者的选购有更大的自主性。汽车新媒体营销采用网上采购、网上设计、网上销售的方式，有效降低了包括采购费、场地租用费、媒体广告费、推销人工费等在内的营销成本。由于网络信息传播与制作的快捷性特点，从材料的提交到发布很快，只需很短的时间就能够把信息发布出去，大大提高了营销效率。传统营销效果很难评测，而在新媒体营销当中，只需在相关程序中插入流量统计和探测流量来源的代码，便能很容易测出有多少人看过此广告、有多少人点击详细查看等。

5. 易于消费者之间的互动交流

网络窗口式互动使得网民能够有针对性地选择广告的内容、详细程度、观看时间和次数。同样的消息，来自现实消费者的比来自官方渠道的可信度更高，网络的互动性恰恰给网友们提供了这样一个交流沟通的平台，方便他们做出消费决定。

6. 搜索功能方便消费者定位目标产品，信息传播迅速即时

网络媒介的检索功能和超链接使得快速比较产品信息成为可能，消费者可在第一时间掌握最新的促销信息、降价信息、新的车型等。对于厂家和4S店来说，通过这两个功能能够及时把握市场动态和竞争对手状况，积极调整营销策略，提高市场竞争力。

第四篇

PART

员 工 管 理

第十四章
销售人员的战力提升

第一节　汽车4S店销售人员战力分析工具

汽车4S店销量的提升，一个非常重要的影响因素就是提升销售顾问的战斗力了。如何提升销售顾问的战斗力，目前4S店最常使用的方法就是培训。但是一段时间的培训开展下来，效果往往并不如理想中的好。王子璐就是其中一位为此事头痛的管理者。

案例

王子璐，大学毕业后在一家汽车4S店担任销售顾问。由于业绩出色，不到一年就被提升为销售讲师，负责店内销售团队的培训工作。

这家4S店一共有18名销售顾问，平时工作都很忙。由于人数不多，又考虑到销售是一个团队性很强的群体，于是王子璐决定每天晚上花两个小时对这18名销售顾问开展集中培训，培训内容包括：产品知识、销售技巧、销售流程、销售礼仪、常见问题解答等。为了提高学员的激情和兴趣，王子璐特意在培训中穿插了很多游戏和互动。

新官上任三把火，王子璐又是培训，又是备课，几乎天天都要加班，忙活了一个月下来，王子璐有一天却听到同事这样议论他。有人说："培训什么啊培训，天天都是炒现饭，谁不会谁培嘛！"也有人说："整天除了卖车就是培训，一点自己的生活都没有，真不想干了！"

正当王子璐郁闷时，总经理又找到了他："小王啊，你的工作还得加油啊！我看这一个多月下来，销售的技能水平和销售业绩没有什么明显的提升啊！"

听到这里，王子璐十分茫然，自己辛辛苦苦忙活了一个月，也都是按照营销

人员的特点准备的课程，怎么到了最后，哪头都不说好呢？

这样的问题是很多新任管理者经常遇到的，他们常犯的错误就是不了解员工的现状及需求，一股脑地集中开展培训。我们试着思考一下，这家4S店中的18名销售顾问的工作年限一样吗？他们的销售业绩一样吗？他们的工作热情一样吗？他们的技能水平一样吗？

如果我们只是一味地集中培训，那么面对同一个问题，可能新进的销售顾问还什么都没弄明白，而资深的销售人员早已成竹在胸。那些资深的销售人员自然就会对这样的培训方式产生厌倦及抵触的心理，甚至会散播一些负面言论。而这些负面言论又必然会影响到那些新进的销售人员。到最后，该学的人的没学会，不该学的人却被浪费了时间，还造成了负面影响。这样的培训，就是没有效果或者效果不大的培训。

一、销售顾问战力分析表

帮助他们的方法其实很简单，把这18名销售顾问按不同的指标分别归类，针对同一类别的学员进行需求分析，找到其需求点。销售人员的战斗力提升，并非都要靠培训，而是要对销售顾问进行战力分析，找到每一名销售顾问的优势与劣势。

进行战力分析，首先要制作填写一张“销售顾问战力分析表”，见表14－1。

表14－1　销售顾问战力分析表

销售顾问		王子璐		张飞		关羽		刘备		合计
目标										0
达成										0
项目		接触量	成交量	接触量	成交量	接触量	成交量	接触量	成交量	成交量总计
客户成交/来源	来店 A									
	来电 B									
	保有转介 C									
	亲友介绍 D									
	置换 E									
	增购 F									
	外拓 G									
	陌生拜访 H									

（续）

销售顾问		王子璐		张飞		关羽		刘备		合计
项目		接触量	成交量	接触量	成交量	接触量	成交量	接触量	成交量	成交量总计
销售车型	A									
	B									
	C									
	D									
销售顾问来店绩效分析	值班次数									
	来店接待户数									
	留下资料户数									
	来店接待有效率 KPI1									
	试车人数									
	试车率 KPI2									
	二次邀约进店数									
	二次邀约率 KPI3									
	来店成交台数									
	来店成交率 KPI4									

说明：KPI1 = 来店接待户数/来店留下资料户数　KPI2 = 来店留下资料户数/试车人数　KPI3 = 来店留下客户数/来店成交数

二、销售效率散点分布图

有了“销售顾问战力分析表”的数据，我们可以通过制作“销售效率散点分布图”来分析不同类别销售顾问的提升方式，如图 14 - 1 所示。

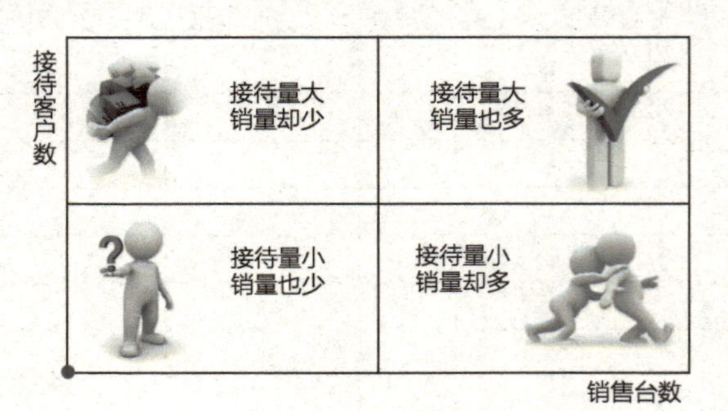

图 14 - 1　销售效率散点分布图

制作“销售效率散点分布图”的方法如下：

① 根据半年到一年的销售数据，计算店内人均接待量和人均订单量。
② 以平均接待量和平均订单量为中心点，画坐标轴。
③ 将各销售顾问的业绩填充在到坐标轴的各个象限中。

“销售效率散点分布图”的制作步骤如图14－2所示。

序号	销售顾问	接待总计	成交总计
1	刘备	87	17
2	张飞	65	16
3	关羽	127	9
4	赵云	93	16
5	马超	42	16
6	黄忠	110	44
7	孙权	88	14
8	周瑜	63	15
9	小乔	95	17
10	曹操	103	15
11	吕布	77	15
12	董卓	23	2
总计		973	197
平均		81	16

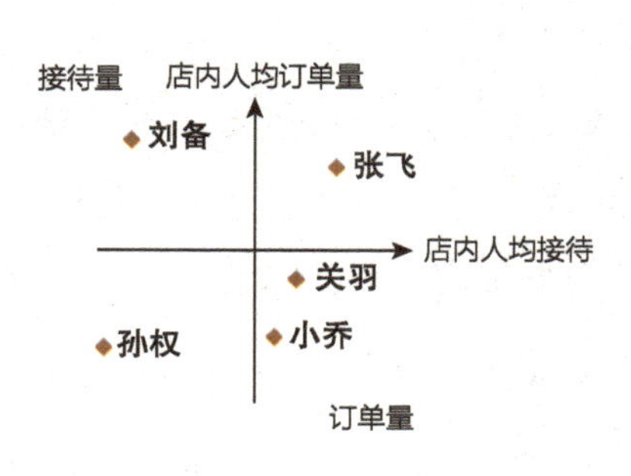

图14－2 “销售效率散点分布图”的制作步骤图

“销售效率散点分布图”的“横坐标”表示本店销售顾问的接待客户量，越接近右侧说明接待量越高；“纵坐标”表示本店销售顾问的销量，越接近上部说明销量越大。这幅图把全体销售顾问分别划入了四个象限中。

从管理学的角度讲，店内人均接待量代表着员工的心态与热情度，店内人均订单量代表着员工的技术与能力。

第二节 汽车 4S 店四类销售人员的管理方法

根据“销售效率散点分布图”，我们将 4S 店的全体销售顾问分别划入了四个象限中。我们可以根据不同象限所呈现的特点，分别采用不同的管理方式，以达到提升销售人员战力水平的目标。

一、第一象限的销售顾问

这类人员的特点是接待量少、销量也少，说明他们的热情度和技能水平都不高。这样的人员主要有以下几种类型：

1. 没有进入工作状态的新员工

他们在工作中的表现通常是害怕沟通，畏惧接待客户，在展厅中总是显得不知所措。

2. 在工作中遇到挫折、遭遇销售瓶颈的员工

这类员工往往之前并不是如此状态，但有可能是因为遇到了某些事情，而在一段时间内表现得意志消沉。

3. 对工作完全失去兴趣的员工

这类员工很明显呈现懒惰、混日子、得过且过的心态。

通过分析第一象限的销售人员，我们可以发现，要提升他们战斗力，首先需要解决的问题是心态而不是知识和技能。

对于没有进入状态新员工，要调整其心态，让其敢于接待客户，主动接待客户。而对于遇到挫折遭遇瓶颈的员工，则需要及时解决其问题，多与其谈心，有必要的可以进行转换岗位等调整。如果是对工作完全失去兴趣的员工，就要及时淘汰，以免其行为和言论在团队中产生负面的影响。

作为汽车销售顾问，应具备以下心态：

1. 积极的心态

积极的心态由一些“正面”的特征所组成，比如信心、诚实、希望、乐观、勇气、进取、慷慨、容忍、机智等。倘若一位汽车销售员能始终保持积极的心态，并养成立刻行动的习惯，那么他在处理问题时就能够从潜意识里得到行动的指令，并将自己的想法付诸行动。

2. 主动的心态

做传统生意的人总是坐在那里等待顾客，顾客到了才面带笑容，显得非常主动。其实这是一种被动等待。而汽车销售永远应当主动出击。像恋爱中的男女，有时很难说得清楚究竟是谁主动，千万不要认为主动有什么不好，拿出你追求恋人般的耐心和主动，未来一定会比现在更加美好。

汽车销售员应主动去做自己的工作，主动就是“没有人告诉你怎么做，但是我们能把它做得恰如其分”。在这样一个竞争异常残酷的时代，只有主动才能占据有利的地位。在企业里，很多事情也许没有人安排我们去做，但如果我们采取主动行动，不仅锻炼了自己，也积累了经验。

3. 热爱的心态

热爱自己的工作是所有汽车销售员都应该做到的。可能我们个人乐趣不全在这份工作上，但是工作一定要成为我们的爱好之一，只有这样才能使我们在汽车销售中获得更多的乐趣和满足。

4. 空杯的心态

人无完人，没有人是完美的，汽车销售员也是如此。也许，我们在这个行业已经干得很好，也许我们已经具备了各种各样的技能，但是，如果我们想更进一步，那就必须具备空杯的心态，去吸收正确的、有用的东西。

5. 双赢的心态

在处理与客户之间的关系时，汽车销售员必须追求一种双赢的结果，不能为自己的利益去损害客户的利益。满足客户需求的同时，也实现了自己产品利润，这就叫作双赢。

6. 包容的心态

汽车销售员在工作中会接触到各种各样的客户。也许这位客户有这样的喜好，也许那位客户有那样的需求，汽车销售员是为购车客户提供服务、满足客户需求的，这就要求我们学会包容，包容他人的不同爱好，包容他人的苛刻要求。

7. 自信的心态

成功的动力来源于自信。汽车销售员应对自己所在的企业充满信心，对自己所销售的汽车产品充满信心，对自己的工作能力充满信心。如果连汽车销售员自己都不信赖自己所销售的汽车，又怎么能说服别人相信呢？只有充满自信，我们才会干劲十足，才会感觉到这些工作是可以完成的。

8. 行动的心态

行动的力量来自于信任和认可。首先相信的是自己，然后才是公司、产品、制度、团队。一位不相信自己的人，不管在哪个行业都无法获得成功。自己否定自己是最可怕的。只有战胜自己的人，才能真正找到行动的力量。

实际行动是最有说服力的。汽车销售员要证明自己存在的价值，就必须付出行动。我们应该用实际行动去关怀每一位客户，用行动去完成自己预定的目标。如果一切计划、一切目标都是纸上谈兵，那目标也就无从实现，目标只会转化为不切实际的幻想。

9. 学习的心态

汽车销售员应具有“活到老，学到老”的勤奋心态。未来市场上的汽车选择会越来越多，竞争也会越来越激烈，故步自封很难满足市场上瞬息万变的需要。

汽车销售员应学会向各种各样的人学习，同事是自己的老师，上级是自己的老师，客户是自己的老师，竞争对手也是自己的老师。学习不但是一种习惯，更应成为一种做人的方式。在这个时代，谁努力学习，谁就会取得成功。

10. 老板的心态

汽车销售员要像老板一样思考，像老板一样行动。只有设身处地为老板思考，才能考虑到企业的成长，才会把企业的事情当成自己的事情。反之，如果汽车销售员自得其乐，不负责任，认为企业的命运和自己无关，那我们就很难得到老板的赏识，更不会得到重用。

二、第二象限的销售顾问

这类人员的特点是接待量大、成交量少，说明他们工作热情较高，但成交技巧不足，缺少相应的工作经验。这样的人员主要有以下几种类型：

1. 新员工，销售经验缺乏

他们在工作中的表现为冲劲很大，非常积极主动地接待客户，但更多地停留在热情接待的层面，缺乏对客户需求的有效分析和管理，往往接待了一大堆客户，但仅能够留有资料，二次来店以及成交的客户却寥寥无几。

2. 慢半拍的销售顾问

他们在工作中的表现为非常重纪律、守规矩、非常勤奋，但往往完成基本的接待很容易，一旦遇到客户的异议，就容易显得不知所措。

通过分析第二象限的销售人员，我们可以发现，这部分人群有着良好的心态与学习的动力。他们唯一缺乏的就是业务知识与专业技能。他们是销售团队中最需要业务知识培训的群体，所以提升他们的战斗力的方式是培训。

通过培训先牢固其产品知识，再进行销售技巧的强化。由于他们基础薄弱，对于他们的培训要具有持续性和实战性，久而久之，他们会成为销售团队中强有力的业务骨干。

三、第三象限的销售顾问

这类人员特点是接待量不高、但成交量高，说明他们有着丰富的工作经验，并形成了独特工作方法，但工作热情度不高。这样人员主要有以下几种类型：

1. 自恃才高的资深销售顾问

在销售团队中，他们有着让人又爱又恨的表现。虽然他们有着不错的销售业绩和销售技巧，并且掌握着大量有效的客户资源，是销售团队中的主要业绩贡献者之一，他们与销售经理和总经理往往保持着良好的关系。但是，正是由于有着有效的保有客户资源和人脉关系，在展厅接待方面他们表现得比较懈怠，容易对新进销售顾问产生不良的影响。

2. 自扫门前雪的销售顾问

同自恃才高型的相似，他们手里也有着大量有效的客户资源，他们更关注于个人的业绩，团队意识薄弱，通常按照自我的节奏和效率开展销售工作。

通过分析第三象限的销售人员，我们可以发现，他们知识和业务水平已经形成了一定的套路。知识类的培训对于他们战斗力的提升不仅没有什么明显的效果，有时还会适得其反。因为，对于自恃才高的销售顾问来说，他们会觉得培训太过“小儿科”，而自扫门前雪的销售顾问，则会觉得培训耽误了他们的时间。

对于他们而言，提升战斗力更多的是要通过感性的激励，而非理性的教导。这种激励更多地体现在精神层面，让他们感觉到受重视，受尊重，可以使他们迸发出更大的潜力。

案例

王子璐，是某品牌汽车4S店的总经理。这段时间以来该品牌A车型在本店销量递减，库存压力很大。为了缓解这一状况，该店采取了多样的促销政策，但都没有取得明显的效果。此时，集团总部对4S店下达了最后的通牒，王子璐也为此立下了军令状，决心要迅速降低A车型的库存。

由于此前各类促销政策已经用尽，最后关头王子璐从他的销售团队里找来了9名处于第三象限的销售顾问。他语气沉重地说：“各位兄弟们，咱们是一起开疆拓土打天下经营这家店的。大家看得起我，抬举我做总经理，叫我一声大哥。现在当大哥的遇到困难，需要你们帮助。”王子璐把眼前的压力和销售顾问介绍了一遍。

在没有任何更多的促销政策的情况下，总经理的一番话结束的第二天，该店就拿下了 5 张 A 车型的订单，并且在该月取得了 A 车型的月销量的最好成绩。

由此可见，第三象限的销售顾问有着巨大的潜能，但他们需要被激发，即让他们感受到被尊重、被重视。

四、第四象限的销售顾问

这类人员的特点是接待量高、销量也高。他们有着丰富的工作经验，并保持着强劲的工作热情。这样的人员是销售团队中最受欢迎的且为数不多的佼佼者。

通过分析我们发现，这类人员在心态和能力上都已非常优秀。提升他们战斗力的方法就是为他们设立更高的目标让他们勇于去挑战。

案 例

王子璐，是某品牌汽车 4S 店的销售冠军。他曾创造并保持着一年 550 台次、一个月 60 台次的该品牌全国最高销量纪录。鲜花与掌声之后，王子璐反而有些彷徨，他在思考自己接下来该做些什么。

这时，王子璐的总经理郭总看出了他的想法，给他举了这样一个例子。郭总说："小王，你知道这个世界上跑得最快的人是谁吗?"

王子璐说："当然知道了，牙买加的短跑名将博尔特。"

郭总说："是啊，你看博尔特早就是世界纪录的保持者了，并且连续两届奥运会获得 100 米和 200 米双料冠军。当今的世界上，他已经是跑得最快的人了，没有人在他的前面了，可是他现在还在继续地跑着，你说他是在追赶谁呢?"

王子璐想了想说："应该是在追赶更快的纪录吧。"

郭总说："你说对了，他继续奔跑就是在追赶一个又一个新的目标、新的纪录。你现在已经是咱们品牌全国最优秀的销售顾问了，但是你面前还有很多目标。知道中国为什么还没有出现'乔·吉拉德'（被誉为"世界上最伟大的销售员"）吗? 因为你还有很多目标可以去实现，我想如果你坚持下去，中国出现的'乔·吉拉德'，或许就是你。"

听了这番话，王子璐倍受鼓舞，往后又不断打破了自己的一个又一个的纪录。

第三节　汽车4S店员工满意度的提升方法

现在很多4S店都以“实现客户满意”作为工作的重心，并为此千方百计地变换提升和改进服务的新招式。然而，被4S店普遍忽视的一个问题是，外部客户的满意是由企业的员工创造的，4S店是否想过自己的员工是不是满意呢?

试想，如果员工一肚子的怨气，能为客户提供满意的服务吗？如果员工心态不稳定，来一批、走一批，能保持优质的服务水准吗?

员工满意，是和客户满意相对而言的。员工满意，是指一名员工通过对企业所感知的效果与他的期望值相比较后所形成的感觉状态，是员工对其需要已被满足程度的感受。员工满意是员工的一种主观的价值判断，是员工的一种心理感知活动，是员工期望与员工实际感知相比较的结果。

满意度高的员工心情愉悦，对企业有归属感、责任感和主人翁意识，能为工作投入更大的热情，从而能够在掌握同样生产技能的情况下创造更高的工作效率。而低水平的员工满意度会导致员工情绪低落或过分紧张，而这种状态不利于个人工作效率的提高，还将直接影响团队的战斗力。

员工满意度高的4S店人员流动率低，减少了由于人员流动频繁给企业带来的损失；满意度高的员工则将更大的热情投入到工作中，工作效率更高，而更高的工作效率意味着更可观的利润。

由此可见，提升员工满意度绝不仅仅是一个简单的福利问题，还会影响整个企业的发展，是企业文化的一种体现。提升员工满意度的核心是让员工感受到被尊重，继而提升其战斗力，为客户提供更加优质的服务，提升客户满意度，从而最终提升企业利润。

案例

某汽车经销商集团投资人王子璐，在参加主机厂组织的经销商年会时，为集团所有参会的员工购买了头等舱的机票，并与起降机场分别联系，使用其贵宾通道。

其他经销商闻讯后一片哗然。很多经销商投资人感叹，这么多人全部购买头等舱机票，并且使用贵宾通道实在是太奢侈了。而王子璐却说出了一番让其他人赞叹不已的话。

他说："我为我的员工购买头等舱机票和申请使用贵宾通道，一方面是对他们一年多的辛苦给予奖励；另一方面是要让他们感受下什么是五星级的服务，只有他们享受过五星级的服务，理解了什么是五星级的服务，他们才会为我们的客户提供五星级的服务。"

企业管理者天天都在要求员工为客户提供五星级的服务，要求员工把客户当"上帝"。员工做不好时就抱怨他们"服务意识"差。可是管理者有没有想过，如果员工自己都不知道五星级的服务是什么样的，又如何提供这样的服务呢？又怎么可能有"服务意识"呢？

一、汽车4S店影响员工满意度五大因素

汽车4S店影响员工满意度的因素，主要有以下五个方面：

1. 工作环境

1）工作空间质量：员工对工作场所的物理条件、企业所处地区环境的满意程度。

2）工作作息制度：合理的上下班时间、加班制度等。

3）工作配备齐全度：工作必需的条件、设备及其他资源是否配备齐全。

4）福利待遇满意度：员工对薪资、福利、医疗和保险、休假制度的满意程度。

2. 工作群体

1）合作和谐度：上级的信任、支持和关心，同事的相互了解和理解，以及下属领会意图、完成任务的情况，能否得到下属尊重。

2）信息开放度：信息渠道畅通，信息的传播准确高效等。

3. 工作内容

1）兴趣相关度：工作内容与员工性格、兴趣相吻合，符合其个人职业发展目标，能最大限度地发挥其个人能力，员工能够从自己的工作中获得快乐。

2）工作强度：员工对工作强度的要求和容忍度因人而异。一方面，工作强度是否能满足个人工作的需要；另一方面，工作强度是否超出了个人能承受的负荷量。

4. 企业背景

1）企业了解度：员工对企业的历史、企业文化、战略政策的理解和认同程度。

2）组织参与感：员工的意见和建议得到重视，员工可以参与决策，企业发展与个人发展得到统一，员工有成就感和归属感等。

3）企业前景：员工看好企业发展前景，对未来充满信心。

5. 员工的个人观念

这里主要是指容易引起员工不满意的不合理的个人观念。其中包括：

1）理想主义和完美主义：对企业的各方面情况，员工有理想化期望和完美主义要求，易走极端，一旦遇到困难就会变得愤世嫉俗，产生不合理不满。

2）消极心态：员工将人际关系方面的问题和工作中的困难挫折全部归结为客观原因，难以沟通，造成人际关系不和谐，产生不合理不满。

3）狭隘主义：员工过于重视个人利益，一旦公司利益与个人利益有冲突，就易产生不满情绪；或是员工目光短浅，自以为是。

二、汽车4S店提升员工满意度四个维度

汽车4S店提升员工满意度主要关注以下四个维度：

1. 员工热情

要关注员工的成长，在公司建立员工职业生涯通路，使员工有安定感，使员工有在本公司成长的快乐体验，建立其归属感。比如，建立对销售顾问的定期评价和晋级机制，每年通过考试及绩效评估的优胜者，将得到晋级和一定的薪酬奖励，让员工看到发展、看到希望。

案 例

某4S店的行政经理王子璐最近头痛不已。由于公司的洗车工人总是频繁离

职，因此经常出现客户的维修车辆没人清洗或洗不干净的情况，频频遭到客户投诉。由于洗车工人工资低、工作强度大，这个岗位很难招聘到人；即使招到了，用不了一两个月也纷纷离职。

万般无奈下，王子璐只好向总经理周总汇报。

周总听了微微一笑，说："下次你再招聘洗车工的时候，我去面试。"

"您去？"王子璐惊讶不已。

招一名洗车工人要4S店总经理亲自去面试？虽然不解，但王子璐还是按照周总的要求去做了。奇怪的是，周总面试的洗车工还真不离职了，并且工作勤勉，一干就是两年。

王子璐又是好奇又是佩服地去请教周总，周总道出了原委。

周总说："一份工作对于一个年轻人来说不仅仅是一份薪水，他们更多是要看到希望。洗车工这个岗位之所以离职率高，关键不是薪水低。你们想，一般做这个岗位的都是家庭条件不大好、自身也没什么技能的打工者。干一天，干上一年，甚至干上十年，都是一个样，他们在这个岗位上看不到任何希望，之所以会选择这个岗位，是因为他们急需生活的保障。但洗车这个工种没有什么技术含量，干起来没什么发展，所以当他们不再那么急需用钱的时候，就一定会选择离开。"

"那您是怎么留住洗车工的呢？"王子璐问。

周总回答说："也没什么，我只是和他做了个约定。我告诉他，如果工作只是为了赚一份钱来满足现在的生活需要，那么无论到哪都无法改变命运。一定要学会一门技术。我跟他约定，只要能在洗车这个岗位上不出差错地踏踏实实干上两年，就给他转岗去当机电技工学徒。让他学到一门技术，可以从此改变命运。"

王子璐听后很受启发，按照周总的套路，公司的保安、保洁、厨师这些看似并不重要的岗位人员都保持着高昂的工作热情。

企业里，无论什么岗位的员工，只有保持他们的热情，才能保持他们的忠诚度与责任感。

2. 经理行为

经理行为直接决定着员工状态。因此，销售经理、销售主管等管理人员要严格要求自已，做到主动思考，公平做事，率先垂范。作为管理者，必须关注且经常关注员工的以下问题：

① 员工离职率及离职原因。

② 员工的工作负荷。

③ 员工对待遇是否满意。

④ 员工的归属感。

⑤ 员工的公平感。

⑥ 员工的成就感。

3. 制度保证

没有规矩，不成方圆。在一个团队中不可能有绝对的公平，但一定要有相对的公平。制度的制定要有效、可执行，重点是正向激励和管控不良现象。

4. 员工关怀

用权力指挥，用能力管理，用魅力领导。要让员工有归属感，提升员工的忠诚度，就要对员工加以关怀。员工关怀的主要维度如图14－3所示。

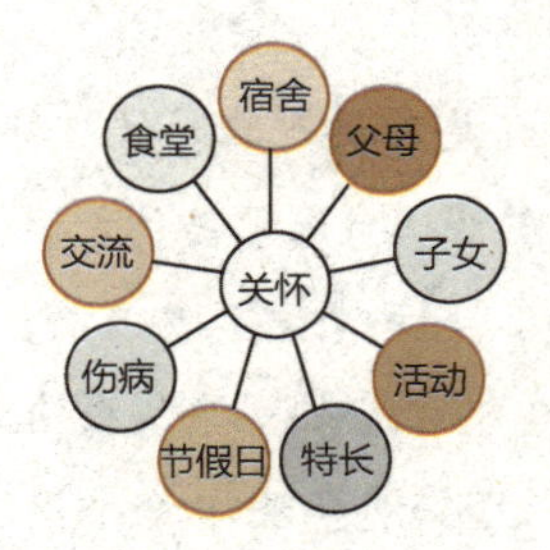

图14－3 员工关怀的主要维度示意图

案例

某汽车经销商集团提出营造“一家人”工作氛围，并制定了14条员工关怀措施：

① 淡化上下级关系，领导要深入基层，每双月设立一天部门经理接待日，解决员工问题。

② 每季度评选优秀员工，组织国内外旅游。

③ 多与员工沟通，组织聚餐、拓展等活动，并鼓励员工带家属参加。

④ 员工过生日时赠送生日蛋糕及董事长亲笔签名的贺卡。

⑤ 定期举办一些集体活动来增加员工的凝聚力。

⑥ 每年春节前举办年会，请员工及员工家属一起参加。

⑦ 每年春节董事长会率中高层领导亲赴优秀员工家里拜年。

⑧ 每年除对优秀员工进行物质奖励外，还要进行一些特殊的奖励，比如公司董事长亲笔写感谢信寄到员工家里。

⑨ 了解员工家庭状况，适时给予关心和慰问。

⑩ 经常组织团队活动，如聚餐、唱歌、文娱、技能竞赛等，增加员工间的信任感。

⑪ 关爱员工，建立反映员工满意度的KPI指标体系，并与领导绩效挂钩。

⑫ 奖罚及时，公开、公平、公正，并对取得成绩的员工进行特殊奖励。

⑬ 关心员工发展，对犯小错误的员工责令其买书学习，并制订员工晋升机制。

⑭给员工一个把企业当作家的理由。

第十五章 销售人员的有效激励

第一节 激励的三大理论

对于销售型的企业而言，士气对团队的意义重大，对团队进行有效激励是保证队伍斗志高昂的重要方式。销售经理时刻都不能忘记激励自己的团队，为实现业绩目标而努力。但在运用激励措施的过程中，必须使用正确的形式，才能达成有效激励，否则很有可能会适得其反。

对于汽车销售顾问而言，他们也许只用使出20%～30%的努力就足以保住他们的饭碗，但要取得更好的收入，带来更大的增长，就必须依靠组织的激励。激励就是通过满足员工的需要而使其努力工作的方法，实现组织目标的过程。它是决定企业是否具有竞争力，能否长盛不衰的关键因素。

作为销售管理人员，要有效激励员工，先要了解三大激励理论，了解激励的动因。

一、奥格登的警觉性试验

试验内容：在人数相等的四个组内进行，方法是通过调节某一选定光源的发光强度，记录试验者辨别光照强度变化的感觉，从而测定其警觉性。

A 组为控制组，不施加任何激励，只是一般性地告诉他们试验的要求和方法。

B 组为奖惩组，对警觉正确和错误分别进行奖励和惩罚，每看对一次，奖励一角，反之罚三角。

C 组为个人竞赛组，告诉他们，每个成员都是精心挑选出来的，每个成员都被认为具有较强的觉察能力，现在要试验哪一位的觉察力最强。

D 组为集体竞赛组，告诉他们这个组要与另一组比赛，看哪个组成绩好。

各组试验结果（平均误差次数）见表 15－1。

表 15－1 奥格登的警觉性试验结果

组别	施加的条件	误差次数	名次
A	不施加任何影响	24	4
B	奖惩	11	2
C	个人竞赛	8	1
D	集体竞赛	14	3

该试验表明，个人竞赛组和奖惩组成绩最好，不施加影响的小组成绩最差，这就说明了激励的重要性。员工只要发挥 20%～30% 的能力，就可以保住饭碗；而如果给予充分激励，他们一般能发挥到 80%～90%。

二、马斯洛需求理论（见图 15－1）

1. 生理需求

维持自身生存的最基本要求，包括衣、食、住、行等。

2. 安全需求

保障自身安全、摆脱失业和丧失财产威胁、避免职业病、解除严酷的监督等。

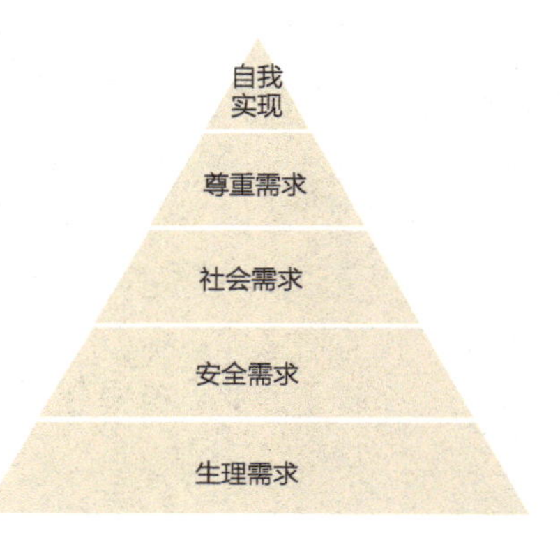

图 15－1 马斯洛需求理论

3. 社会需求

即友爱的需要和归属的需要。

4. 尊重需求

人人都希望自己有稳定的社会地位，要求个人能力和成就能得到社会承认，尊重的需要又包括内部尊重和外部尊重。内部尊重是指自身的尊重认可，外部尊重是指从外界获得的尊重认可。

5. 自我实现需求

这是最高层次的需要，即实现个人理想和抱负，最大限度地发挥个人潜力，完成与自己能力相称的一切事情。

马斯洛理论所阐述的观点告诉我们：

① 五种需求像阶梯一样从低到高，按层次逐步递升，但这种次序不是完全固定的，也有例外的情况。

② 需求的发展遵循“满足/激活律”，即某一层次的需求满足了，就会向更高层次发展，已获得满足的需求就不再成为激励力量。

③ 需求的强弱受“剥夺/主宰律”的影响，即某一需求被剥夺得越多，就越缺乏、越不足，这个需求就越强烈。

④ 五种需求中，前三种属于低级需求，可以通过外部条件来满足；后两种属于高级需求，必须通过内部因素才能满足。而且，一个人对尊重和自我实现的需求是无止境的。

⑤ 同一时期，一个人可能同时存在几种需求，任何一种需求都不会因更高层次需求的发展而消失。但每一时期总有一种优势需求占支配地位，对行为起决定作用。

⑥ 一个国家多数人的需求层次结构，与这个国家的经济发展水平、科学技术水平、文化和民众受教育程度直接相关。在不同的国家，或在同一个国家的不同时期，人们的需求都是不同的，都会随生产力水平的变化而变化。

三、斯坦福大学刺激实验理论

这个实验分为三部分进行：

第一部分，让一名成年男子坐在一间空旷的屋子里，并用黑布蒙住他的眼睛，同时开始测试他的心率。起初，他的心率是每分钟70次。这时，只听见屋子的门被推开了，随之是一阵高跟鞋的声音，并伴随着香水的芬芳。男子虽然看不见，但可以感觉到是一位年轻的女子走了进来。这时，女子开始轻轻抚摸男子的面颊。此时，男子的心率达到了每分钟100次。接着女子又轻轻地走出了房间，男子的心率又渐渐恢复到了每分钟 70 次。

第一部分实验告诉我们，外界的刺激可以让情绪得到提升，随着刺激的减弱，情绪也会随之回落。

实验继续进行。在第二部分中，起初，与第一部分一样，让这名成年的男子坐在一个空旷的屋子里，并用黑布蒙住他的眼睛，同时开始测试他的心率。这时，他的心率是每分钟 70 次。当门被推开，女子开始抚摸他时，心率提升到每分钟 100 次。与第一部分不同的是，这一次女子并没有停止抚摸，只是一名教授告诉他，抚摸他的女子就是他的太太。这时，男子的心率再次恢复到了每分钟 70 次。

第二部分实验告诉我们，外界的刺激对情绪的影响完全源于被激励者的遐想。当教授告诉这名男子抚摸他的女子是他太太时，虽然抚摸没有停止，但遐想的空间消失了，情绪也就回落了。

第三部分实验的和第二部分类似，只是教授讲的话发生了变化。教授向男子形容，抚摸她的女子拥有着天使的脸孔和傲人的身材。刺激没有停止，遐想的空间也在不断地扩大，那么男子心率的变化是怎样的呢？很多人都会认为男子的心率会不断地加快，直至达到每分钟 110 次甚至 120 次。但是实验的结果却是，男子的心率始终保持在每分钟 100 次。

第三部分实验告诉我们，刺激对于情绪的影响是维持情绪高涨的持续性，而并非使情绪得到更高的提升。

案 例

某汽车 4S 店的销售经理王子璐总是抱怨说："一切的激励手段都用过了，奖金也发了，旅游也去了，可团队的情绪还是停留在原地，完全没有更高的冲击。"

案例中的销售经理王子璐认为，通过不断给予物质刺激，可以让团队的情绪得到更高提升。然而事实上，并没有达到他预期的效果，因为他理解错了激励与情绪之间的关系。

第二节　汽车4S店销售人员的激励方法

一、汽车4S店销售人员激励三步骤

对汽车4S店销售人员的激励，要满足三个步骤：

1. 第一步，发现需求。

不同的员工有不同的需求，但对于销售人员而言，大多数员工加入或离开一家公司主要考虑薪酬福利、工作环境（软环境和硬环境）和个人成长（技能和职位）这三个主要因素。

2. 第二步，激发需求。

员工的需求有外显需求和隐藏需求。管理者要善于发现员工的外显需求，激发他们的隐藏需求，并予以满足。

在很多4S店，我们都发现这样一个现象，对于一名需要养家糊口的销售人员而言，一份不错的收入是他最迫切的需求（外显需求），但是他的工作表现并没有因此越来越好，反而变得越来越糟糕。问题出在：

① 你没有教会他挣钱的本事，他就挣不到不错的收入。
② 你不告诉他哪些是应该做的，哪些是不应该做的，他就会习惯性地犯错误。
③ 你老是骂他笨，要不他被骂傻了，要不他干脆装傻。

实际上，这类销售人员还隐藏着想学会挣钱本事的需求、受教育的需求、渴望受到尊重和关怀的需求。

管理者应善于激发员工的隐藏需求，引导他们从模糊的人变成清醒的人。员工职业生涯规划也是一种帮助员工发现和激发隐藏需求的好办法。

3. 第三步，满足需求。

满足员工需求是最好的激励。

二、汽车4S店销售人员激励措施原则

对于汽车4S店销售人员的激励措施，要遵从以下原则：

1. 激励要有目标性

激励要从总体目标出发，并将目标分解到销售小组及销售人员个人。“立军令状”是销售激励中非常有效的方法之一。要求每个销售人员当着全公司员工的面，“喊”出自己的销售目标，并将销售目标以文字的形式签署在“军令状”上，向团队做出承诺。

以“军令状”的形式开展的激励活动，是利用成年人“承诺必应”的心理特点，将总目标进行分解，最终保证绩效的达成。

要保证激励的目标性，还要注意三个关键要素：

1）分解的目标一定要由销售人员自己“喊”出，不能由上级指派。这样才能使销售人员有“承诺”感，否则会生出逆反心理，认为是上级布置了一个不可能完成的任务。

2）领导要许诺完成任务的奖励，并在最终兑现。

3）销售人员个人要许诺没有完成任务的惩罚，并在最终兑现。惩罚的内容不限于金钱，但一定要让销售人员有一定的“痛”感。惩罚的内容要由销售人员亲口说出来，并签字确认，不能让其有“强加”的感觉。

有了良好的“承诺”，销售人员往往会在执行中更有“劲头”。

2. 激励要有吸引力

激励不仅仅是为了奖励优秀的销售人员个人，还要通过奖励的形式让其他销售人员向被奖励者学习。因此，对销售人员的奖励，要具有“吸引力”。所谓“吸引力”，就是让团队的每一名成员都能实实在在地看得到、摸得着，具有“可视性”。

可视性最有效的激励法则为“现金法则”：当着整个销售团队的面，将现金发到获奖人的手中，并让团队为其鼓掌。这样的激励最具有鼓舞性。

案例

山东烟台某品牌4S店总经理王子璐，为在车展营销中取得良好的效果，采用“现金墙”的激励形式。在车展前期为销售团队准备了5万元的车展现金奖励基金，并将5万元的现金贴在销售看板上，还要告知销售人员：每在车展期间卖出一台车，即可从现金墙上拿走相应的现金奖励。可视性的现金墙，让销售人员激情澎湃，销售热情大增。

3. 激励要因人而异

由于不同员工的需求不同，所以相同的激励政策起到的激励效果也不尽相同。即便是同一位员工，在不同的时间或环境下，也会有不同的需求。由于激励取决于内因，即取决于员工的主观感受，所以，激励要因人而异。

在制定和实施激励政策时，首先要调查清楚每位员工真正的需求是什么，并将这些需求整理归类，然后制定相应的激励政策，帮助员工满足这些需求。

针对员工的需求量身定制激励措施。公司提供的奖励必须对员工具有意义，否则效果不大。每位员工能被激励的方式不同，公司应该模仿自助餐的做法，提供多元激励，供员工选择。例如，对上有老母、下有儿女的职业妇女而言，给予他们一天在家工作的奖励，或许比大幅加薪更有吸引力。

4. 激励要奖惩适度

奖励和惩罚的不适度都会影响激励效果，同时增加激励成本。奖励过重会使员工产生骄傲和自满的情绪，失去进一步提高自己的欲望；奖励过轻起不到激励效果，或者让员工产生不被重视的感觉；惩罚过重会让员工感到不公，或者失去对公司的认同，甚至产生怠工或破坏的情绪；惩罚过轻会让员工轻视错误的严重性，可能还会犯同样的错误。

5. 激励要有公平性

公平性是员工管理中一个很重要的原则，任何员工感到不公的待遇都会影响他的工作效率和工作情绪，并且影响激励效果。取得同等成绩的员工，一定要获得同等层次的奖励；同理，犯同等错误的员工，也应受到同等层次的处罚。

如果做不到这一点，管理者宁可不奖励或者不处罚。管理者在处理员工问题时，一定要有一种公平的心态，不应有任何的偏见和喜好。虽然管理者可能偏爱某些员工，但在工作中一定要一视同仁，不能有任何不公平的言语和行为。

6. 激励要及时

不要等到了发年终奖金时，才打算犒赏员工。在员工有良好的表现时，就应该及时给予奖励。等待的时间越长，奖励的效果越可能打折扣。

三、汽车4S店销售人员有效激励七大类型

对汽车4S店销售人员行之有效的激励，主要分为七大类型：

1. 目标激励

所谓目标激励，就是确定适当的目标以诱发人的动机和行为，达到调动人的积极性的目的。目标是组织对个体的一种心理引力，作为一种诱引，具有引发、导向和激励作用，只有不断启发一个人对高目标的追求，才能启发其奋发向上的内在动力。

对于属于“销售效率散点分布图”中第四象限和第二象限的销售人员，具体的目标可以是把销售人员的行为引导到经理最希望他们去做的事情上，激发他们发挥最大的潜能，取得令人满意的业绩。以销售人员经过奋斗能获得的成就与结果作为激励，应该是最基本的激励方式。

2. 荣誉激励

处于“销售效率散点分布图”中第三象限的销售人员，往往希望得到社会或集体的尊重，对于那些为团体做出过突出贡献的销售人员，要给予一定的荣誉。这既能使荣誉获得者经常鞭策自己，又可以为他人树立榜样。

3. 认可激励

处于“销售效率散点分布图”中第二象限的销售人员，最需要得到经理的肯定。而在实践中，认可是最容易被忽视的激励方法，大多数经理并没有对销售人员的成绩给予足够的认可。认可是一个秘密武器，但要使用有度。用得太多，价值就会减少；只在某些特殊场合时使用，价值才会增加；而如果认可来自更高层，激励就会上升几个等级。

4. 领导角色

对于“销售效率散点分布图”中第三象限和第四象限的销售人员而言，给予领导角色以彰显其表现，不仅仅可以有效激励他们，还有助于挑选未来的储备人才，可以让这类销售人员主持短会，通过组织培训会议发挥其技能；在某位销售人员参加主机厂组织的培训后，指派其担任讲师，让他转训其他销售人员，甚至还可以考虑让其领导一个小组来研究某款车型的竞品，编写应对话术等。

5. 承诺激励

绝大多数成年人，把承诺看得很重要。对销售人员寄予期望并让他们做出承诺，他们通常会干得特别起劲，这是因为受人之托会产生满足感。

但是，销售人员的期望千万不要超出他们的能力，否则反而会加重他们的心理负担，甚至还会使其产生逆反心理。

6. 团队聚会

聚餐、出游、生日派对等不定期的聚会，都可以将团队成员聚到一起共度快乐时光，让他们感受到团队的温馨，从而增加团队成员的凝聚力和团队精神，以达到激励的作用。

7. 调整激励

在有些4S店中，销售经理会对每月竞赛中获奖的优秀销售顾问给予奖励。其中，一名销售人员的能力特别强，每次都能获奖。但到后来，此人一听到竞赛发奖就觉得没意思，问其原因，他说：同样的奖品都已经有五六个了。而其他人也毫无兴趣，因为奖品和他们也没关系。

物质激励主要用来调整目标，如果总是奖励给同样的对象，就完全失去了激励的意义。比如，为了促进月初的交车量，可以给予每月8日前完成交车2台目标的销售人员一定的物质奖励。

在销售型的企业中，激励是一种重要的员工管理措施；但是激励也存在着很大的风险，如果使用不当，反而会适得其反。

第十六章 销售人员的有效培训

第一节　何谓有效的汽车 4S 店销售培训

在当前的汽车 4S 店管理中，对销售人员的培训并不少，但培训效果却有很大的差异。首先，我们要明确 4S 店的培训目标究竟是什么，以及为什么有些培训课程很容易就被员工吸收，而另外一些则被员工自动过滤。

机械地点头、呆滞的目光、不时飘向窗外的眼神……这些信号表明接受培训的学员根本不理解培训的内容，而且可能早已神游天外。事实上，强制性培训确实难以激起员工的兴趣，但这并不代表他们的脑袋无法处理学到的内容。

培训是生产力，这是从事培训工作的同仁们的共识，但这句话要让更多的人信服确实不那么容易，因为很多人对培训有这样的感受：自己从小到大听了很多的课，听课是接受“培训”吧，但真正触动自己、促使自己自动自发地行动以改变现状的“课”又有多少呢？

什么是有效的培训？

我们这里讲的“培训”，所指向的是商业领域中与成人职业教育有关的培训活动，是培训师帮助培训对象掌握从事本职工作所需要的专业知识、专业技能、职业道德等所谓“应知”“应会”范畴内的内容，或通过培训师的工作去帮助从业者掌握改变现状、提升工作效率、改善工作效果的新观念、新知识、新技能等。

如何衡量是否达到了培训目的，即该采用什么标准认定培训是否有效呢？比如，当我们的培训对象是销售顾问时，我们设置了很多的课程，办了不少各类培训班，那如何确认培训是否有效呢？我的经验是，用六个“有助于”作为标准来判断培训是否有效。具体如下：

一、是否有助于提高收入

无论培训课程在知识、心态、技能、习惯、职业道德哪个方面有所侧重，无论培训活动的组织与实施考虑得多么周全、执行得多么有力，如果最终无助于销售顾问收入更高，这次培训也不属于有效培训。

二、是否有助于降低脱落率

培训效果往往很难用线性方式评估，参加一次培训一般不会神奇到产生一劳永逸的效果，于是组织者必须考虑，设计与实施多次培训，是否能提升或改善销售顾问对行业、对公司的忠诚度，并最终提升留存率。

结合汽车销售工作的特点，可以看出，在其他条件不变的情况下，销售队伍越稳定，人员留存时间越长，产能就越高越稳定。所以，有助于降低脱落率的培训，当然是有效的培训。

三、是否有助于创造新的销售机会或留住老客户

销售顾问一般都知道“今天找不到新名字，明天过不了好日子”的道理，如果没有市场，纵有如簧巧舌能口吐莲花也不管用，因此销售顾问都汲汲于通过各种渠道寻找准客户，开发各种各样的市场，以争取到新的销售机会。

当然，留存较久的销售顾问有更多老客户信息，而现代营销更强调留住老客户，因为向老客户推销能产生相比向新客户推销高六倍以上的效能。有助于创造销售机会的培训，毫无疑问是有效的培训。

四、是否有助于省时、省力

现代经济学认为时间是第一重要的资源，提高效率就是提高单位时间的产能，如果销售顾问能提高时间效率，岂不等于能赚取更多收入？

五、是否有助于减少队伍内耗

“一加一等于二”，除了在算术领域是真理，在其他地方并不一定成立。销售顾问总是存在于某个销售团队或组织架构中，而只有当全体成员有共同愿景，为共同目标一起奋斗打拼，相互补台，在遇到利益冲突时能以团体利益高于个人利益为原则，才能称其为真正的团队，才能有团体生产力大于个人产能之和（一加一大于二）的效能；否则就只是群体，一群观念不同、沟通不畅的人在一起工作，一定会产生内耗，怎么可能拥有一加一大于二的效能呢？而团队不是天生的，是需要后天努力打造的，如果培训能促进群体向团队（尤其是高效能团队）发展，它就是有效的培训。

六、是否有助于提升士气

对团队来讲，士气就是团结向上的氛围，从团队成员身上，可以感受到永不言败的斗志；对领导来讲，士气就是有人追随，所谓“振臂一呼，响者云集”。营销团队，只能鼓气，不能泄气。士气高昂的团队，鲜见没有生产力的，因此，提振士气同样也是培训有效与否的标尺。

第二节　汽车4S店销售培训的组织方法

说到培训的目的和作用，拍拍脑子就可以列出很多条，比如，提升员工素质、增长员工知识、提升技能水平、扩展人脉关系、改变员工绩效。

但是，作为管理者，如果我们仅仅只是看到这些泛泛的作用，那么在开展培训时也将会是泛泛开课，觉得这也有必要，那也有必要。

然而，开展下来却会发现，时间、精力、金钱都花费了不少，员工却未必买账。有的员工认为培训太多、压力太大，有的参加了培训却没什么明显改善……

所以，管理者必须要找到培训的核心价值。

一、汽车4S店的培训核心目标就是：提升绩效

换句话说，所有培训的直接目的都是通过培训影响学员的行为，让其产生绩效的提升。

可能有人会提出质疑：难道增长员工的知识、提高员工的素质就不是我们的目标吗？接下来，我讲个故事来帮助大家理解这个问题。

从前，有个秀才进京参加秋试。来到了京城，他找到了一家客栈住了下来。就在考试前三天的一个夜晚，秀才做了个很奇怪的梦。梦里，他遇到了两件事：第一，他在很高、很光滑的墙壁上很辛苦地种着大白菜；第二，在一个晴朗的午后，他披着蓑衣、打着雨伞行走在大街上。

秀才醒了，做了这么奇怪的梦，他感觉一定预示着什么。于是，秀才找了个算命先生帮他解梦。算命先生听了他的梦，又见他是穷秀才，便对他说："这梦还不明白吗？你看，在高墙上种白菜那不是白费劲吗！披着蓑衣打着雨伞，这不是多此一举吗！所以啊，你赶快回去吧，你这次考试就是多此一举、白费劲、没戏的！"

秀才听完了，非常沮丧。想想算命先生说得有道理，于是回到客栈收拾行李准备退房回家。客栈老板见他还没参加考试就要回去，很奇怪。于是，问他原因。秀才一五一十地把晚上做的梦和刚才的经历讲了一遍。

客栈老板听完，哈哈一笑说："年轻人，先别急着走，我也会解梦，让我帮你解解看。"秀才想，听听便听听吧。客栈老板接着说："你看，高墙上种白菜，不是叫高中吗？披着蓑衣还带雨伞，那不正是有备无患吗？这说明你此次参加秋试，有备无患定能高中！"

秀才听了顿时喜上眉梢，当即决定留下来参加考试，结果位列探花。

这个故事里，算命先生和客栈老板就好像是培训师，而秀才就好像是参训的学员。同样的现状和问题，不同的培训方式带来的行动结果完全不同。算命先生是一次性消费，他看秀才穷，所以给他了一个悲观的解释。而客栈老板当然希望秀才能留下来多住几天店，所以给了他一个乐观的解释。

在做员工培训的时候，对员工来说，无论目的是增长知识还是提升素质，最终都是要将其转化为行为模式的。

即**“将知识技能化，将素质行为化！”**

4S 店培训，就是根据本企业的需求，通过提升员工技能来提升绩效。

二、汽车 4S 店的培训常见错误

在实际的培训过程中，4S 店经常出现以下四大常见错误：

1. 培训的时间选择晚上下班后

很多 4S 店，选择晚上下班后的时间开展培训，认为可以不占用销售顾问的工作时间。然而销售顾问平时的工作压力已经非常大了，工作时间又长，再在下班后安排培训，很多销售顾问容易产生抵触情绪。

2. 培训地点选择培训教室或会议室

销售顾问的培训不同于管理人员的培训，培训具有很强的实战性。在培训教室中的讲授缺乏实景演练，往往达不到最佳的培训效果。

3. 全体销售顾问共同参加培训

销售顾问的水平是参差不齐的，同一个问题，可能新进的销售顾问还什么都没弄明白，而资深的销售人员早就成竹在胸，那些资深的销售人员自然就会对这样的培训方式产生厌倦及抵触的心理，甚至会散播负面言论。而这些负面言论又必然会影响那些新进销售人员。到最后，该学的人没学会，不该学的人又浪费了时间，还造成了负面影响。这样的培训，就是没有效果或者效果不大的培训。

4. 销售顾问兼职培训讲师

如果没有专职的培训讲师而让销售顾问兼职，会存在两个问题：一是会使销售顾问精力不足；二是讲师的津贴往往远低于其销售收入，对其难以有激励作用。所以 4S 店需要有专职的培训讲师，或由展厅主管兼任，切忌不可由销售顾问兼任。

三、汽车4S店培训课程

可以根据培训内容类型的不同，把有效的4S店培训课程分为两类：

1. 第一类，销售技巧、竞争品牌知识、客户应对话术等课程

此类课程可以采用小课题研修的方法。小课题研修的最佳时间是在每天晨会后的15～30分钟。这段时间是一天中展厅客户最少的时间段，最适合开展培训。培训的地点就安排在实际的工位上，即展厅的展车旁边。这样的安排可以使培训演练环境与实际工作环境最为接近。

当然，参加小课题研修的学员不是全体销售顾问，而是根据销售顾问的能力特征成立不同的培训小组。比如，在A车型知识方面有欠缺的销售顾问就安排在A车型小组，在B车型知识方面有欠缺的销售顾问就安排在B车型小组。

（1）小课题研修的六大步骤

第一步，发放资料。

第二步，说明目的及好处。

第三步，收集疑问。

第四步，讨论解决方案。

第五步，学员演练。

第六步，每人考核过关。

（2）小课题研修开场的五部曲

第一步，欢迎。

第二步，提问。

第三步，奖励。

第四步，考核。

第五步，惩罚。

（3）小课题研修总结四步骤

第一步，有效追问。

第二步，核心总结。

第三步，再次确认。

第四步，记录留档。

2. 第二类，关于新车产品知识、新的商务政策调整、新的营销活动开展以及新员工入职的培训

这类培训课程适合采用专题研修的形式。专题研修常采用在传统的培训教室中使用 PPT 讲授的形式。但值得说明的是，对销售顾问的专题研修如在下班后开展，每次参加研修的销售顾问不宜多于 2 人，每月不宜超过 4 次。

销售顾问的培训，无论是采取小课题研修，还是专题研修的形式，都需要根据销售顾问的特点选取授课的方式。

四、销售顾问在学习中的四个特点

销售顾问在学习中主要应表现出以下四个特点：

1. 第一，明显的企图心

也就是说，销售顾问只接受自己认为有价值的内容。在培训过程中，不能只是单纯地讲课，还要让销售顾问充分地体验和感受到学习内容对其的价值。

2. 第二，学而时“忘”之

成人学习的遗忘是很快的，原因在于缺乏有效复习。对销售顾问的培训，除了讲授外，还要让其不断地演练与回顾。同时，授课的内容也要尽量减少“干巴巴”的理论，增加一些通俗易懂的案例。

3. 第三，耐久性差

研究表明，一个美国成年人的课堂耐久性是 10 分钟，而一个中国成年人的课堂耐久性是 20 分钟。在授课过程中，每 20 分钟左右就需要改变一下授课的形式，以免学员“人在心不在”。

4. 第四，过去的经验影响学习

销售顾问以往的销售经验对他们学习有很深影响，所以在培训过程中需要充分肯定他们，以免产生抵触心理。

五、常用的六种授课形式

常用的授课形式有以下6种：

① 课堂讲授法。
② 小组讨论法。
③ 头脑风暴法。
④ 案例分析法。
⑤ 游戏活动法。
⑥ 角色扮演法。

六种授课方法见表16－1。

表16－1 4S店培训常用授课方法（1）

教学方法	目 的	应 做	不应做
课堂讲授法	提供信息	举例和说明 运用视听教具 穿插活动和练习	不要连续讲授超过15分钟而不搞任何活动和练习
小组讨论法	让学员彼此交流经验并互相学习	鼓励人人参与 以引导问题发起讨论 以某种形式的总结结束讨论	1~2人垄断 未到时间就停止
头脑风暴法	在短时间里激发出各种想法激发创造性	在开始前回顾基本规则鼓励人人参与	在头脑风暴法完成前便开始讨论各种观点 轻视任何一种想法
案例分析法	引起学员思考	给予明确指导 提供充足信息和背景 突出与学习要点相关的因素与变量 指出例子与学员所处情景间的相似之处	花费宝贵时间汇报可能有趣但与话题无关的观点
游戏活动法	模拟实际情况	让学员充分了解情况进行小品游戏 给学员1~2分钟筹划如何作出回答 确保其他学员能看/听到学员的表演 寻求自愿者	强迫不愿参与的人参与 在教授要点后继续进行小品游戏 取笑任何学员
角色扮演法	鼓励学员自学和互相学习	给予清楚的指导 明确描述期望结果 确保有足够时间做完 充分解释	延长不必要的节目

六、销售顾问培训效果评估

对销售顾问培训效果的评估，主要从以下几个方面进行：

1. 第一，反应层

在授课现场观察学员的状态，了解授课的课堂效果。

2. 第二，知识层

可以通过课后测试的方式，了解学员的知识掌握情况。

3. 第三，行为层

前面我们说过，培训的最终目标是要通过行为的改变来体现的。因此，一次培训并不是随着课堂的结束而结束。相反，课堂的结束恰恰应该是培训的开始。只有销售经理或展厅主管平时不断督导，才能使销售顾问的行为发生实质性改变。

4. 第四，绩效层

所有的培训最终都要落实到绩效提升上。销售顾问行为的改变，必然会带来绩效的提升。对比培训前后的绩效，是评估培训效果最直接有效的方式。

第五篇

PART

个人管理

第十七章 管理者的时间管理

第一节　汽车4S店销售管理者时间管理的常见问题

对于汽车4S店销售管理而言，管理者除了要管客户、管业务、管营销、管员工外，还要管理自身。时间管理问题就是汽车4S店销售管理者经常头痛的问题。

案例

王子璐是一家4S店的总经理。4月26日是个普通的工作日。一大清早，王子璐走进办公室，琢磨着下月的销售计划如何完成，厂家的任务量这么大，怎样才能提高来店量呢？正想着，展厅来了报告，说有客户投诉。一名客户的车已经订了一个多月，还没法交车，客户要求要么月底交车，要么退现金。这可不得了，本来销售任务就这么大，还要退订单？客户吵得厉害，销售部的同事不知如何是好。只好王子璐出面给客户道歉，好不容易通过送礼品安抚了客户。客户是暂时回去了，可是现车什么时候能到呢？

王子璐回到办公室，琢磨着销售人员解决投诉的水平要提高，看来得给销售部做一次集体培训了。这时候，邮箱提醒响了起来，哇，这一会儿就有30多封新邮件没查收了。都是厂家各个部门要报表和数据的邮件。这数据虽然是现成的，可是一个个调出来也庞大得很。

王子璐正调着数据，一名销售顾问和一名服务顾问不知道什么事，吵起来了，大家都围了过去。这段时间加班太多，休息不好，大家火气都很大，加上平时也没什么沟通机会，因此，一有事就会产生矛盾。这个问题要马上解决。

这边刚调解完，车间主管又满面愁容地来了。原来，之前打扫卫生时没把地上的油渍拖干净，员工小王摔了一跤，躺在休息室动弹不得，今天来维修保养的车本来就多，这线上又少了一人，可怎么办。

这时候，电话响了，王子璐接到了下午2点外出开会的通知，这是一个政府的消防安全培训，要求企业负责人必须到。冲锋陷阵了一个上午，墙上时钟指针走到了12:30，王子璐不禁长出了一口气：也许注定今天倒霉吧！

王子璐刚要准备吃午饭，员工小马跑来说要辞职。小马和小王一起进公司的，小王机灵嘴甜，讨大伙喜欢。小马内向，人老实，大家经常把事情推给他做。今天小王摔伤了，人手少了，大家又把好多活推给小马。俗话说，泥人也有土性，小马不干了。

下午开会时，销售经理给王子璐打来电话，说有厂家领导到店。这急坏了王子璐，赶紧从会议室溜出来。王子璐和厂家来的客人正聊着，突然天降暴雨，维修车间三处漏水，影响工作。漏水的事早交代过行政经理，怎么还没弄好。由于漏水影响了维修保养的速度，快下班时，休息区有些客户等得不耐烦了，抱怨声不断。

哎，疲惫的一天！

从上述案例可以看到，这家4S店的总经理忙忙碌碌了一整天，却没能干成什么有意义的事情，原因是他缺乏有效的时间管理。

4S店经常出现的时间管理问题如下：

1. 别人希望你做的事

事例：领导让你代替他去参加一个会议，但在这个会议上你既不用发言，也不会获得有用的信息，甚至都不能结识一些对你有所帮助的人。

传统看法：这是老板的信任和器重，一定不能推辞。

时间管理看法：这对你没有帮助。如果你非常有空闲，去去也无妨，不过等你到了规定时间交不出报告的时候，老板绝不会认同你拿这件事作为未完成工作的理由。

2. 千篇一律、例行公事的事

事例：复印开会所需文件，再分发给所有部门。

传统看法：明天就要开会了，各个部门必须尽快拿到资料。

时间管理看法：也许这是紧急的事，但是你完全没有必要花费整整两小时来复印几十份资料，发份电子邮件让各部门自己打印去吧。

3. 你不擅长的事

事例：本月员工的工资收入有些变动，许多人拿着工资单来找销售经理要求解释。

传统看法：销售顾问有义务给大家解释清楚，因为只有他清楚绩效政策的调整。

时间管理看法：与其占用大量时间一一接待来咨询的同事，不如统一发一个电子邮件。

4. 枯燥乏味的事

事例：遭遇冗长无聊、东拉西扯的会议。

传统看法：即使会议内容和自己无关也要听下去，这样才显示出你是关心公司动态的。

时间管理看法：你还有很多真正紧急的事情要做。如果不能悄悄逃会，就只能在会议上开开小差，阅读一些有用的文件了。总之，不要为这个无聊的会议浪费宝贵的时间。

5. 别人也不感兴趣的事

事例：上司指定你负责每周为同事提供一些有价值的资讯公布在布告栏上，3个月后反应平平。

传统看法：你应该坚持下去，不管你对这事怎么看，毕竟上司认为这样做有意义。或许你做得还不够好。

时间管理看法：没有收效的事再继续下去毫无意义，向你的上司直言不讳地讲明你的观点。

6. 所花费时间远远超出你的预计，但是还没有完成目标

事例：谈判多次都不能签约的难缠客户。

传统看法：既然你已经做了大量的工作，你就应该善始善终，半途而废太可惜了。

时间管理看法：如果实际花费时间超过预计一倍以上，这个项目的含金量就大打折扣了。你完全有理由放下这堆鸡肋，否则你耗费的时间和收效将更加难以平衡。

7. 下属的工作没有品质保障

事例：下属提供的报告错得一塌糊涂。

传统看法：帮助下属修改报告是你分内的事，如果实在来不及，你甚至需要自己重写一份，这是你分内的工作。

时间管理看法：请有经验的下属指导他或者就此换人。总之，不值得为这类没有回报的事情花费自己的宝贵时间。

8. 可预计进行过程的事

事例：供应商坚持要上门演示。

传统看法：虽然从文字材料中已经把情况了解清楚了，但是人家来访只能抽出时间礼貌接待。

时间管理看法：在演示前讲明自己只有 15 分钟的时间，请他长话短说。时间一到，立即起身送客。

第二节 汽车 4S 店销售管理者如何运用时间管理工具

时间管理就是用技巧、技术和工具帮助人们完成工作、实现目标。时间管理并不要求把所有事情做完，而是要求更有效地运用时间。时间管理包括要决定你该做些什么事情，还包括决定什么事情不应该做；时间管理不是完全地掌控工作，而是降低工作变动性。时间管理最重要的功能是提醒与指引工作规划。

时间管理的理论告诉我们，把事情按紧急和重要的不同程度，分为重要紧急、重要不紧急、紧急不重要、不紧急不重要四类。先做重要紧急、重要不紧急的事，少做紧急不重要的事，不做不紧急不重要的事。方向重于细节，策略胜于技巧。始终抓住“重要”的事，才是最好的时间管理方法。

该时间管理的方法称为时间管理的优先矩阵，如图17－1所示。

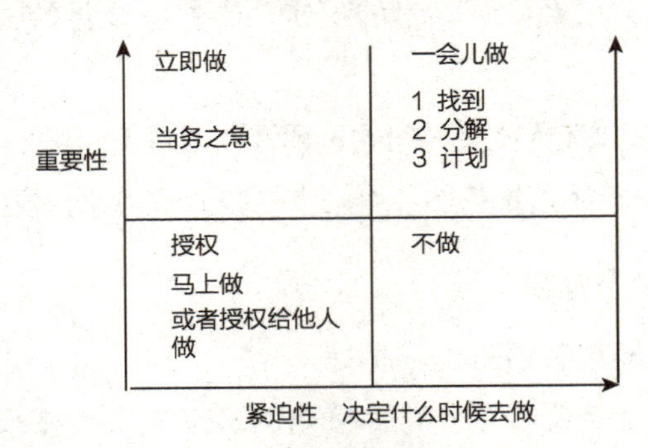

图17－1 时间管理的优先矩阵

时间管理的方法要求汽车4S店销售管理者做到以下几点：

一、设立明确的目标

时间管理的目的是让你在最短时间内实现更多自己想要实现的目标。把本年度的4到10个目标写出来，并依次排列重要性，找出一个核心目标，然后依照你的目标设定详细计划，并依照计划进行。

二、学会列清单

把自己所要做的每一件事情都写下来，列一张总清单，这样做能让你随时都清楚自己手头上的任务。在列好清单的基础上进行目标分解。

1）将年度目标分解成季度目标，列出清单，每一季度要做哪些事情。

2）将季度目标分解成月度目标，并在每月初重新再分解一遍。若遇到因突发事件而更改目标的情形，应及时调整月度目标。

3）在每一个周末，应把下周要完成的每件事情列出来。

4）每天晚上把第二天要做的事情列出来。

三、制订有效的计划，分清轻重缓急

绝大多数难题都是由未经认真思考的行动引起的。在制订有效的计划时，每多花费 1 小时，在实施计划时就可能节省 3 ~4 小时，并会得到更好的结果。如果你没有认真做计划，那么实际上你正计划着失败。牢记，始终做最重要的事情。

人们总是根据事情的紧迫感，而不是事情的优先程度来安排先后顺序，这样的做法是被动的而非主动的，管理者不能这样工作。时间管理的精髓即在于分清轻重缓急，设定优先顺序。成功人士都用分清主次的办法来统筹时间，把时间用在最具“生产力”的地方。

面对每天大大小小、纷繁复杂的事情，如何分清主次，把时间用在最有生产力的地方，有三个判断标准：

1. 我必须做什么

这有两层意思：是否必须做，是否必须由我做。非做不可，但并非一定要你亲自做的事情，可以委派别人去做，自己只负责督促。

2. 什么能给我最高回报

应该用 80%的时间做能带来最高回报的事情，而用 20%的时间做其他事情。所谓“最高回报”的事情，即是符合“目标要求”或自己会比别人干得更高效的事情。最高回报的地方，也就是最有生产力的地方。

这要求我们必须辩证地看待“勤奋”。勤，在不同的时代有不同的内容和要求。过去，人们将孜孜不倦视为勤奋的标准，但在快节奏、高效率的信息时代，勤奋需要新的定义了。勤要勤在点子上（最有生产力的地方），这就是当今时代“勤”的特点。

社会只承认有效劳动。勤奋已经不是长时间工作的代名词了，而是在最少的时间内达成最多的目标。伟大的苏格拉底说：“当许多人在一条路上徘徊不前时，他们不得不让开一条路，让那些珍惜时间的人赶到他们的前面去。”

3. 什么能给我最大的满足感

最高回报的事情，并非都能给自己最大的满足感。因此，无论你地位如何，总需要分配时间给令人满足和快乐的事情，唯有如此，工作才是有趣的，才能保持工作的热情。

通过以上“三层过滤”，事情的轻重缓急就很清楚了，然后，按重要程度排序，并坚持按这个原则去做，你会发现，再没有其他办法比要事优先法更能有效利用时间了。

四、拒绝拖延

设定完成期限能够克服拖延的心态。“有空再做、明天做、以后做”，“拖”“等”“研究、商量”等，都是浪费时间的坏习惯。

拖延必然要付出更大的代价。能拖就拖的人心情总感到不愉快，总觉得疲乏，因为应做而未做的工作不断给他压迫感。“若无闲事挂心头，便是人间好时节”，拖延者心头不空，因而常感时间压力。拖延并不能省下时间和精力，刚好相反，它使你心力交瘁、疲于奔命。不仅于事无补，还会白白浪费宝贵的时间。哲学家塞涅卡说：“时间的最大损失是拖延、期待和依赖将来。”

拖延是为了暂时解脱内心深处的恐惧感。

首先，恐惧失败。似乎凡事拖一下，就不会立刻面对失败了，而且还可以自我安慰：我会做成的，只是现在还没有准备好。同时，拖延能为失败留下台阶，拖到最后一刻，即使做不好了，也有借口说：在如此短的时间内能有如此表现，已经很不错了。

其次，恐惧不如人。拖到最后，能不做便不做了，既消除了做不好低人一等的恐惧，还满足了虚荣心，还可以告诉别人：换成是我的话，做得肯定比他们好。

因此，养成遇事马上做、现在就做的习惯，不仅能克服拖延，还能占得“笨鸟先飞”的先机。久而久之，必能培育出当机立断的大智大勇。

有期限才有紧迫感，也才能珍惜时间。设定期限，是时间管理的重要内容。

五、遵循二八定律

用你80%的时间来做20%最重要的事情。生活中肯定会有一些突发困扰和迫不及待要解决的问题，如果你发现自己天天都在处理这些事情，那表示你的时间管理并不理想。一定要了解，对你来说，哪些事情是最重要的、是最有生产力的。成功者往往花最多时间做最重要但不是最紧急的事情，而一般人往往将紧急但不重要的事放在第一位。因此，必须学会优先处理重要的事情。

六、安排“不被干扰”的时间

假如你每天能有一个小时完全不受任何人干扰地思考一些事情，或是做一些你认为最重要的事情，那这一个小时的工作量会比你一天甚至三天的工作量还要高。

七、确立个人的价值观

假如价值观不明确，就很难知道什么对你是最重要的，就无法做到合理地分配时间。时间管理的重点不在于如何管理时间，而在于如何分配时间。你不可能做完每件事，但可能做完对你来说最重要的事。

八、学会充分授权

列出你目前生活中所有可以授权的事情，把它们写下来，授权适当的人来做。

九、养成整洁和有条理的习惯

据统计，一般公司职员每年要浪费 6 周时间在寻找乱堆乱放的东西上面。这意味着，每年因不整洁和无条理的习惯，公司职员就要损失近 20% 的时间！

十、养成快节奏工作的习惯

克服做事拖拉的习惯，调整自己的步伐和行动速度。养成快节奏工作的习惯，不仅能够提高效率、节约时间，还能给人留下好印象。

十一、善用零碎时间

争取时间的唯一方法是善用时间，用零碎时间来从事零碎的工作，可以最大限度地提高工作效率。比如利用等车和坐车的时间学习、思考，或简短地计划下一个行动，等等。充分利用零碎时间，也许短期内没有什么明显的感觉，但坚持下来会有惊人的成效。

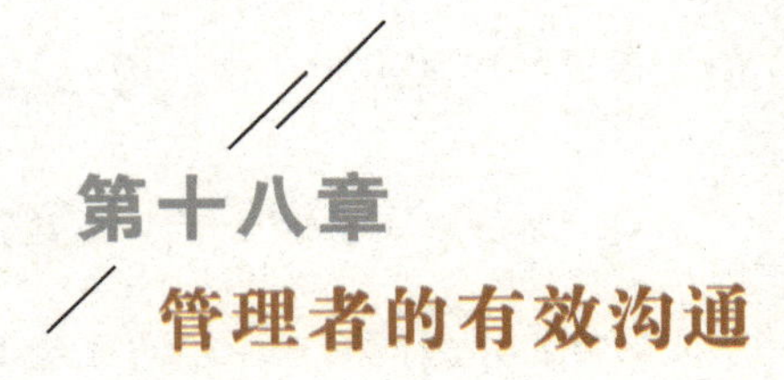

第十八章 管理者的有效沟通

第一节 汽车 4S 店销售管理者常见的沟通障碍

在销售型企业中沟通的重要性不言而喻，然而这种大家都知道的事情，反而常常被人们所忽视。企业内部良好的沟通文化可以使所有员工真实地感受到沟通的快乐和效果。加强企业内部的沟通管理，既可以使管理层工作更加轻松，也可以大幅度提高普通员工的工作绩效，同时还可以增强企业的凝聚力和竞争力。因此，4S 店销售管理者应该从战略意义上重视沟通。

一、4S 店经常遇到的沟通

4S 店中经常遇到的沟通有两类，即组织沟通和人际沟通。

1. 组织沟通

组织沟通指企业按照组织程序进行沟通。一个 4S 店制度完善，并且有健康的企业文化，它的组织沟通就会顺畅。例如，有些 4S 店有很好的会议制度，能够通过会议进行有效沟通；有的公司报告制度较为完善，通过这种书面的形式也可以实现有效沟通；有的公司有内部意见沟通机制，如设置内部意见箱，或者不定期举行员工座谈会等。组织沟通多通过一定的制度加以规定。

2. 人际沟通

人际沟通比组织沟通更为宽泛，人际沟通既发生在组织内部，又发生在组织外部。与上司、同事、下属、客户等人的沟通，都是人际沟通。

二、4S 店内部沟通不畅的情况及原因

1. 沟通不畅的情况

汽车 4S 店内部的沟通不畅主要有以下几种情况：

① 销售经理与销售顾问沟通不畅。
② 销售经理与总经理沟通不畅。
③ 销售部门与售后部门沟通不畅。
④ 销售部门与市场部门沟通不畅。
⑤ 销售部门与财务部门沟通不畅。

2. 沟通障碍的原因

这些沟通上的障碍可能与我们自身有着极大的关系，主要原因如下：

1）高高在上。这类障碍是由身份、地位不平等造成的。沟通双方身份平等，则沟通障碍最小，因为双方心态都很自然。与上司交流时，下属往往会产生一种敬畏感，这就是一种心理障碍。另外，上司和下属所掌握的信息是不对等的，这也会导致沟通障碍。这些问题常常发生在销售管理者与一线销售顾问之间。

2）自以为是。人们都习惯于坚持自己的想法，而不愿接受别人的观点。这种自以为是的倾向是造成沟通障碍的因素之一。4S 店中，销售部门的“地位”往往比较高，这就使得销售部的员工容易对其他部门产生“不屑一顾”的心理。然而，销售人员自以为是的态度，往往导致对方不愿与他沟通。

3）偏见。沟通双方有一方对另一方存在偏见，或相互有成见，这会导致沟通不顺畅。

4）不善于倾听。沟通的一个重要环节是倾听，沟通不可能是一个人的事情，当有一方在表达时，另一方必须专注倾听才能达到沟通的效果。而人一般都习惯于表达自己的观点，很少能用心听别人的。

5）缺乏反馈。沟通的参与者必须要反馈信息，才能让对方明白你是否理解他的意思。反馈包含了以下的信息：有没有倾听，有没有听懂，有没有准确理解。如果没有反馈，对方以为你完全理解了他的意思，造成误解。为了消除误解，沟通双方必须要有反馈。

6）缺乏技巧。缺乏有效的沟通技巧会造成沟通障碍。

三、4S店管理者的沟通对象

4S店管理者应选择合适的沟通对象，对于销售管理者而言，合适的沟通对象只有两种：

1. 当事人

企业部门之间总会发生一些冲突和矛盾，处理这类问题的基本原则是与当事人沟通。假如销售部和市场部之间发生冲突，就应该由两个部门的负责人直接沟通。

假设销售部与市场部出现矛盾，按照以上所讲的“与当事人沟通”的原则，应该由销售部经理与市场部经理直接沟通。实际上，有的人不是先与当事部门负责人沟通，而是先与其他部门的人谈，这种情况就是选择沟通对象不当。

上下级之间的沟通也往往有类似的情况。如果上司和下属之间发生矛盾，上司应该与下属通过沟通来解决问题。假如你认为某个下属工作不力，不要对其他下属说，更不要把他作为反面典型，你应该做的是直接与这名下属沟通。

2. 指挥链上的上下级

员工之间发生冲突，除了直接沟通以外，还可以请上司帮助解决。同样，部门之间的障碍，双方既可以直接沟通，也可以找上一级管理者帮助处理。这种按照指挥链的上下级关系进行沟通的方式，是应当倡导的正确方式。

四、4S店经常出现的沟通错位

然而，4S店中经常出现沟通对象不当的情况：

1. 应当与上司沟通的，却与同级或下属进行沟通

案 例

上面安排的工作让人力资源部经理王子璐非常为难：经过层层筛选招进来的销售部门新员工，却因为公司经营政策调整要被辞退，王子璐感到很不好受。吃午饭时，他和销售部的展厅主管谈起了此事：“公司太不负责了，这让我怎么和新员工交代？”

2. 应当与同级沟通的，却与上司或下属进行沟通

案例

销售部的王子璐经理对近期人力资源部招收的一批销售顾问很不满意。他在一次同老总的谈话中谈到了此事："不知道现在人力资源部的人都在忙什么，最近给我们招来的人根本就不合适。"老总把这件事记在了心上，在一次部门经理会议上点名批评了人力资源部。人力资源部经理非常气愤：销售部认为招的人不合适可以跟我说，到老总那里告什么状。从此，人力资源部和销售部之间有了芥蒂。

3. 应当与下属沟通的，却与上司或其他人员进行沟通

案例

销售部经理王子璐发现自己部门的小李最近工作不积极，常常请假，他想先向其他同事了解一下。于是中午休息时，他对部门的另一位下属小张抱怨道："最近这个小李可成了问题了，是不是这样啊？"很快，小张把这件事传给了小李，其他同事也都知道了，这样小李就对他的上司有意见了。

五、4S 店常见沟通渠道

沟通渠道也会影响沟通效果，4S 店中常见两种沟通渠道：

① 一对一沟通，即双方直接沟通。
② 会议沟通，即在一个组织内部以会议方式邀请多方参与的沟通。

汽车 4S 店常见的沟通渠道不当的情况如下：

1. 应当一对一沟通却采用会议方式沟通

案例

销售部与人力资源部之间，关于人员招聘的事项产生矛盾。销售经理王子璐认为，人力资源部工作不力，没有招收到合适的销售人才；而人力资源部认为，销售部对于人才的要求太高，或者面试的方法不当。类似于这样的情况，完全可以一对一沟通，没必要在会议上提出，因为双方各执一言并不利于问题的解决，还浪费了与会人员的时间，耽误会议进程。

2. 应当会议沟通的却一对一进行沟通

案例

公司近期要变更报销制度，这是一件涉及全公司的事情。但是，总经理王子璐却认为有必要同每一位部门经理谈谈此事，于是一个人一个人谈，以每个人40分钟计算，8位经理共花去王子璐320分钟的时间。效率太低了！

在一对一沟通时，必须选择当事人或指挥链的上下级作为沟通对象。

同样，在会议上也要注意正确选择沟通对象。会议沟通的内容有两类：第一类是具体的事情；第二类是某个具体的人。

销售管理者应该避免第二种情况发生。在会议上沟通的事情应该具有普遍性，以上述人力资源部与销售部的矛盾为例，人力资源部一直不能为销售部招收合适的人才，如果其他部门也存在类似情况，市场部、财务部等各个部门也持有相同的看法，认为人力资源部的工作没有到位，那么原因何在呢？

通过会议讨论，或许就能分析出真正的原因，也许是公司的薪酬待遇太低，也许是各个部门对人才的要求太高，也许是招聘方式不当。

沟通对象和沟通渠道的选择在企业沟通中非常重要。要牢记你是处于一个组织环境中，不是自然人，一言一行都对组织内的其他人产生影响。如果选择的沟通对象不当，或者沟通渠道不合适，就会给其他人的工作带来很多麻烦。所以在这一点上应该谨慎，要改变随意选择沟通对象和沟通渠道的态度，最重要的是杜绝私下说三道四。

第二节　汽车4S店销售管理者有效的沟通方法

4S店内的沟通方向主要有三个：一个是对上沟通，一个是水平沟通，一个是对下沟通。

一、对上沟通

汇报是对上沟通中非常重要的方式，4S 店销售人员对上汇报需要注意以下几点：

1. 精简

上司对你的汇报最为忌讳的可能就是渲染。一个聪明的上司不是以你工作辛苦与否来评价你的，只要你工作得又快又好，他就会认为你是有能力的。所以，不要带着邀功的心态去极力强调自己工作的难处。此外，上司一般都很忙碌，所以，把报告做得简明扼要才能得到赏识。

2. 有针对性

汇报的内容要与原定目标和计划相对应，切忌漫无边际地牵扯到其他没有关系的事情。

3. 从上司的角度来看问题

由于你与上司之间存在很多立场上的差异，所以从上司的角度来看待你的工作，可能会使你的汇报内容更为贴近上司的期望。假设，由于种种原因，你没能100%地完成工作，但你认为自己工作已经做得很不错了，上司应该体谅你的难处。这种想法就是从下属的角度来考虑问题的；如果从上司的角度来考虑问题，上司所关注的是工作完成与否。而且，很多老板都是白手起家，都经历了很多磨难，在他们眼中，你的工作条件比他们创业时要好得多。在这种情况下，你又怎么能期待他表扬你呢？

4. 尊重上司的评价，不要争论

当上司对你的评价低于你的期望时，不要争论。因为争论需要三个阶段：提出问题的不同观点，提出持不同观点的理由，寻找问题解决的途径。而在汇报时，你根本没有时间把争论进行到第三阶段，因此你的上司也就无法赞同你的观点。理智的中层经理人不会在这种时候解释，更不会与上司发生争论。

5. 补充事实

在汇报结束后，一般上司会点评本次汇报，他的评价其实就是一种反馈，从中可以知道上司对哪些地方不很清楚，你可以补充介绍，或提供补充材料，加深上司对你所汇报工作的了解。

二、水平沟通

4S店中的水平沟通，主要是指公司的职业经理人之间的沟通，或者是没有上下级关系的部门之间的沟通。在与上司沟通、与下属沟通、水平沟通三种沟通中，水平沟通是最为困难的。主要原因如下：

1. 过于看重本部门，忽视其他部门

无论你所在部门是市场、销售、人事还是财务，你都会发现部门的自评与其他部门对你所在部门的评价相去甚远。但是作为一个整体而言，各个部门之间的合作却是相辅相成、缺一不可的。

2. 失去权力的强制性

水平沟通对双方的沟通能力提出了更高的要求。在指挥链中，同级的管理人员处于同一水平，除了平等的沟通之外，不能用命令、强迫、批评等方式达到自己的目的，不能拿着“大棒子”来对待同事。

3. 尽可能地把责任推给别人

下面是一个尽可能把责任推给别人的案例。在这个案例中，大家经常踢皮球，缺乏整体意识，不能从组织的利益出发，都不愿承担责任，导致工作效率低下。

案 例

人力资源部要招聘一名销售部主管，人力资源经理找到销售部的王子璐经理，希望王子璐经理写一份职位说明书。王子璐想：让我写职位说明书，以后人招来了不合适，人力资源部又该把责任到推我身上了。于是他说：“写职位说明书，你们人力资源部是专家，我只能大概说一下我们的要求……”

4. 唯恐别的部门比自己强

这种现象在存在业务竞争的组织中尤为明显，甚至会导致不同部门员工之间相互保密、互相攀比。

5. 退缩

沟通中的退缩是指不能挺身维护自己的权益，或是所用的方法不当，无法唤起别人的重视；表达自己的需要、愿望、看法、感受与信念时不自信，而是感到愧疚，显得心虚、压抑。

因此，在4S店中销售管理者做好水平沟通，要遵循以下三个原则：

1. 谦让

尤其是销售经理，切勿认为自己就是整个4S店盈利的核心，把自己放在不可一世的位置上。在与市场、财务和售后部门沟通时，多一份谦让，就可以多一份顺畅。

2. 体谅

作为销售型企业，汽车4S店中的每个部门都在高节奏地运转着。在与其他部门沟通的过程中，要体谅别人。

3. 双赢

水平沟通时，要解决自己的问题，同时也要考虑给协助者带来利益，只有双赢才能让协助部门心甘情愿、积极主动，使自己的问题得到更好的解决。

三、对下沟通

汽车4S店销售管理者对下沟通，要注意以下三点：

1. 切忌滔滔不绝

喜欢表达是很多销售人员的共性。但是，我们知道销售工作也是非常忙碌的。销售部门管理者在对下沟通时，如果只是自顾自地讲话，不顾下属的感受，就会在很大程度上耽误和影响下属的正常工作时间安排。

2. 少责骂，多鼓励

强势是很多销售管理者的共性。强势的性格使得一些销售管理者在下属犯错时，经常用责骂的方式去对待他。要知道，每个人都有成长的过程。过多的责骂会引起下属的抱怨或对抗情绪，因此在对下沟通时，要多鼓励下属。

3. 指导下属时，要给具体方法

给下属提空泛的意见或建议，会让下属在执行中左右为难，所以在指导下属时，一定要给出切实可行的方法。

后　记

中国人初次见面，往往喜欢问一句："你是哪里人?"而每每遇到这样的问题，我都会非常尴尬。一个普通人很容易回答的祖籍问题，对我来说却是一个非常模糊的概念。我生长在一个汽车世家，祖孙三代人都从事汽车行业，为祖国的汽车事业走南闯北。汽车企业里生，汽车企业里长，没有乡音，没有故土。到了我这一代，已经全然不知自己算是哪里人了。

1953 年，我的祖父母和外祖父母来到了吉林长春。在那里，他们参与创立了第一汽车制造厂，亲手装配了新中国的第一辆汽车——解放牌汽车，成为新中国第一代汽车人。我的父母也在那里出生。

1969 年，为响应国家支援三线的号召，我的祖父母和外祖父母举家搬迁到了湖北十堰。在一个小山沟里，一座汽车城拔地而起，这就是第二汽车制造厂，也是今天的东风汽车公司。不久，我的父母在十堰参加了工作，同样投身于汽车事业，成为新中国第二代汽车人。而我，也就在这儿出生了。

那时的十堰，既是一座城市，又是一个企业。于是，从幼儿园到小学，从小学到初中，从初中到高中，我便在这个汽车企业的大院里，成长起来了。身边的同龄伙伴们也和我一样，父母或是祖父母外祖父母来自全国各地，所以大家都没有自己的乡音，也都模糊了对自己故土的记忆。

大学毕业，我来到广州安家落户。此时，已是中国乘用车行业蓬勃发展的年代，合资品牌的车企应运而生。在广州加入东风日产后，我负责市场营销工作，荣幸地成为新中国第三代汽车人。

从长春到十堰，从十堰到广州。可以说，我们这个汽车之家为新中国的汽车事业跨越了祖国南北。虽然对故乡的记忆已经模糊，让我很难回答自己是哪里人，但我可以很自豪地说，我是汽车人。

离开东风日产成为一名职业培训师后，我一度还非常担心自己会逐渐远离汽车。然而后来才发现，我和汽车行业的缘分从那一刻起才刚刚开始。过去在企业里做营销管理工作的时候，我仅仅担任一个汽车品牌的营销指挥官。而改行做职业培训师的五年来，我有幸以一名传道者的身份和更多的汽车品牌有了亲密接触。在这五年中，我走遍了国内每一个省份，穿越过大都市的斑驳霓虹，也静寂于小村镇的纯净朴实。

在汽车行业中我是幸运的，我亲历了从当初的“捷达”“富康”“桑塔纳”这老三样，到如今汽车品牌不胜枚举的时代变迁；在汽车行业中我是幸运的，我无数次感受到老百姓拥有自己的第一辆私家车的幸福感；在汽车行业中我是幸运的，我见证了一个个汽车经销商网点的创立和发展，也见证了无数汽车从业者的快速成长。

从2013年开始，我陆续出版了一系列汽车营销书籍，而写作的初衷，正是出于三代汽车人的那份情怀。一路走来，我把汽车行业前辈们的智慧结晶和奋战在一线的兄弟姐妹们的宝贵经验集结成册、整理成书，愿它们为新中国汽车产业的变迁留下一份记录，而我在其中只是扮演着知识传递和智慧整理的小小角色。

谨以此文作为本书的后记。这本书若能为实现“两个一百年”奋斗目标而努力的中国，为汽车产业发展，尽一份绵薄之力，便是我最大的梦想了。

汽车梦，中国梦！